Samuel S. Boggs

Achtzehn Monate ein Gefangener unter der Rebellenflagge

Eine kurze Beschreibung der Belle Isle, Danville, Andersonville, Charleston, Florence und Libby Gefängnisse

Samuel S. Boggs

Achtzehn Monate ein Gefangener unter der Rebellenflagge
Eine kurze Beschreibung der Belle Isle, Danville, Andersonville, Charleston, Florence und Libby Gefängnisse

ISBN/EAN: 9783743649859

Hergestellt in Europa, USA, Kanada, Australien, Japan

Cover: Foto ©ninafisch / pixelio.de

Weitere Bücher finden Sie auf **www.hansebooks.com**

„Ich hege nicht den geringsten Zweifel, daß Leute beerdigt worden sind, welche noch nicht todt waren."

Achtzehn Monate ein Gefangener

— unter der —

Rebellenflagge

Eine kurze Beschreibung der

Belle Isle, Danville, Andersonville,
Charleston, Florence und Libby
Gefängnisse,

— durch —

Persönliche Erfahrung

— von —

S. S. Boggs,

Früherer Sergeant des 21sten Illinoiser Regiment.

Aus dem englischen übersetzt und herausgegeben von dem Veteranen

Andrew T. Thompson,

früherer Corporal von Co. C, 9te Illinoiser Cavallerie.

Milwaukee, Wis.
Riverside Printing Co.
1896.

Einleitung.

Beim Durchlesen der Statistiken der Gesellschaften von Ex-Gefangenen, welche mir vor Kurzem in die Hände fielen, gewahrte ich, daß jetzt nur noch zwanzig Prozent aller Derjenigen am Leben sind, welche aus den Gefängniß-Höllen des Südens entlassen wurden, und konnte ich mich den Gedanken nicht entwehren, daß es nur etliche Jahre nehmen wird, ehe der letzte von uns dahingeschieden ist. Unter diesen Umständen will mir scheinen als sei es unsere Pflicht, sowohl gegen uns selbst als auch gegen Diejenigen, welche in ein besseres Jenseits hinübergegangen sind, daß ein jeder von uns, soweit wie möglich, eine Federzeichnung, wenigstens von dem milderen Theil unsers Gefängnißlebens, hinterläßt. Wir wissen es nur zu wohl, daß es nicht angebracht ist diese Gefängnisse mit all ihren Schrecken zu beschreiben, um der Geschichte nicht die Spitze zu nehmen, und müssen aus dem Grunde den schlimmsten Theil ruhen lassen. Diejenigen, welche niemals die Erfahrungen machten, wie es die Insassen dieser Rebellen-Gefängnisse thaten, halten es für geradezu unmöglich, daß solche Brutalität und solcher Barbarismus in einem civilisirten Lande und von einem civilisirten Volke hätten ausgeübt werden können. Diese guten Leute vergessen aber jedenfalls, daß Sklaverei das Gewissen unserer grausamen Wächter abgehärtet und ihre Herzen versteinert hatte und daß sie ihre Ernennung als Gefängnißwärter ihrer wohlbekannten Grausamkeit als Sklaventreiber verdankten. In ihrer neuen Stellung konnten sie ihre barbarischen Gelüste an hilflosen Kriegsgefangenen auslassen, welche nicht einmal wie die Sklaven einen Werth besaßen. Grausame Männer sind stets Feiglinge, welche in Kriegszeiten solche Plätze suchen, wo sie ihrem Blut- und Racheburst nach Herzenslust fröhnen können, ohne Gefahr zu laufen, daß ihnen selbst ein Leid geschieht. Die Regierung der Conföderirten suchte diese Dämonen als die Wächter ihrer hilflosen Kriegsgefangenen aus, und auch nicht in einem einzigen Falle zeigte der Präsident der Conföderation die Neigung und die Absicht menschliche Wächter an Stelle dieser Teufel in Menschengestalt zu setzen, obwohl ihm der wahre Zustand der Gefängnisse aus den Berichten seiner Inspectoren, sowie den Petitionen vieler der besten Leute des Südens, völlig und zur Genüge bekannt war. Ich weiß es wohl, daß die dunkelsten Stellen der Erinnerung dieser fürchterlichen Gefängnisse der Vergessenheit anheimfallen werden, sobald die Zunge der letzten der Ueberlebenden zum Schweigen gebracht ist.

Einige Berichte sind publizirt worden, unter anderen der ausgezeichnete Bericht unseres Kameraden John McElroy, welcher von allen wahren Patrioten gelesen werden sollte, weil derselbe vollständig wahr ist und auf Thatsachen beruht. Ich bin mir wohl bewußt, daß alle Diejenigen, welche mit der barbarischen Behandlung der Gefangenen einverstanden waren, es jetzt versuchen werden diese Beschreibung als eine Uebertreibung darzustellen. Indem ich meinen Lesern die Versicherung gebe, daß nur wirkliche Thatsachen erwähnt werden sollen, mache ich mich baran sie burch einen Zeitraum von nahezu achtzehn Monate unter der Rebellenflagge zu führen und mit wenigen ungeschminkten Worten das Panorama zu enthüllen, wie es sich dem Unterzeichneten darstellte.

        Samuel S. Boggs,
      ehemaliger Sergeant Co. E, 21 Illinois
Lovington, Ill.   Infanterie-Regiments.

M. Hogan, von Co. A, 16te U. S. Infanterie, von Bluthunde in Stücken zerrissen.

Unter der Rebellenflagge.

Erstes Kapitel.

Die Gefangennahme bei Chickamauga. — Nach Atlanta gesandt. — Decken und Kleider beraubt. — Belle Island. — Das Libby und Smith Gebäude. — Dick Turner nimmt unser Geld und Juwelen. — Maulesel Fleisch. — Verhungernd und fast gänzlich entblöst. — „Uncle Sam" schickt uns fünfzehn Tonnen Provianten, Kleidung und Medizin, werden aber auf Anrathen von Jeff. Davis und dessen Cabinet consiszirt. — Zeitungen von Richmond empfehlen die Gefangenen verhungern und erfrieren zu lassen. — Nach Danville gebracht. — In Wassersnoth. — Verwüstungen durch die Pocken-Krankheit und Lungen-Fieber. — Wir graben einen langen unterirdischen Gang. — Sechsundachtzig „Yanks" im Walde. — Beinahe alle getödtet oder wieder eingefangen. — Freudige Neuigkeit und bittere Täuschung. — Nach Andersonville gesandt. — Die Einführung von Wirz. — In der Palisade. — Ein Haufen Todter. — Beim Wasserschöpfen an der „Todtenlinie" getödtet.

Beim Ausbruch der großen Rebellion in 1861 zählte ich einundzwanzig Jahre. Ich war ein starker, gesunder Junge, gerade in das Mannesalter eintretend, und ich wußte bis dahin kaum was Schmerz und Kummer war.

Ende April kam die Nachricht, daß Fort Sumpter beschossen worden sei und daß die Rebellen Festungen und anderes Eigenthum der Regierung angegriffen hätten, und entschlossen zu sein schienen die Union zu vernichten. In den nördlichen Staaten wurde die Sachlage eingehend besprochen, während im Süden die Redefreiheit unterdrückt wurde, was zur Folge hatte, daß das gewöhnliche Publikum in den Glauben gerieth, daß ihre Rechte und ihr Eigenthum ihnen von den Abolitionisten der freien Staaten genommen würde, falls sie sich nicht dagegen sträubten. Die schlauen Leiter der Secession benutzten die hiermit verbundene Aufregung und sammelten diese irregeleiteten Leute in eine Armee, um die beste Regierung, welche die Sonne je beschien, zu überwerfen. Der größere Theil der Rebellen-Armee nahm wenig Antheil an den politischen Pfiffen und Kniffen der Leiter der Secession; sie waren ehrlich und redlich gesonnen und jedenfalls bereit mit ihrem Leben irgend eine ihnen oder ihrem Lande zugemuthete Beleidigung zurückzuweisen.

Im Norden war das Volk getheilt; die loyalen Demokraten und Republikaner wollten die Union gerettet sehen, während die Copperheads den Rebellen mit Geld und Sympathie halfen, dieselbe zu stürzen. Die Rebellion drohte somit das schöne Columbia aus der Liste der Nationen gestrichen zu sehen. Der Schlag war gefallen und die Regierung rief ihre Söhne zu den Waffen. Ich, mit anderen jungen Männern meiner Nachbarschaft, bot meiner Heimath Lebewohl und trat in das 21. Illinois Voluntär-Infanterie-Regiment ein, mit Ulysses S. Grant als Oberst. Wir marschirten in das Land des Feindes ein, nahmen Theil an vielen der Schlachten und den aufregenden Scenen des Soldatenlebens von '61 bis zum Herbst von '63, zur Zeit der Schlacht von Chickamauga, für deren Einzelnheiten ich den Leser auf die Geschichte der Rebellion verweise.

Es war um die Mittagszeit. Die Rebellen machten einen Angriff von ungewöhnlicher Heftigkeit; die Luft schien voll von

Kugeln, Staub und dem Geschrei der Rebellen; Männer fielen rings um mich herum; das Gefecht war nur noch ein Handgemenge; der Lärm und das Getöse waren unbeschreiblich. Einzelne unserer Leute retteten sich durch rechtzeitige Flucht, uns jedoch war der Rückzug abgeschnitten, es blieb uns nur noch die Wahl uns zu ergeben oder unser Leben wegzuwerfen, die Uebermacht war zu groß.

Wir wurden entwaffnet und nach dem Hintergrund der conföderirten Armee unter strenger Wache befördert. Neue Gefangene wurden eingebracht bis sich schließlich neun Hundert derselben an den Ufern des Chickamauga-Baches befanden. Dann wurde uns bedeutet, daß wir weiter befördert werden sollten. Nach einem Marsche von zehn oder zwölf Meilen erreichten wir die Eisenbahn, woselbst wir in Frachtwagen untergebracht und dann nach Atlanta, Ga., befördert wurden. Hier brachte man uns in einer Umzäunung unter, welche früher dazu gedient hatte um Sklaven vom Entfliehen zu hindern. Ein Tisch, ein Buch, eine Flasche Tinte, nebst einer Feder wurden herbeigebracht, worauf ein Rebellen-Major ausrief: „Achtung Yanks! Falls ein Sergeant unter Euch ist, der schreiben kann, so soll er vortreten und Eure Namen in das Buch da eintragen." Einer unserer Sergeanten trat an den Tisch und schlug vor, daß jeder Einzelne seinen Namen eintrage, weil dann die Namen jedenfalls richtig buchstabirt würden, wozu der Major seine Einwilligung gab. Die Gefangenen trugen ihre Namen ein, worauf sie durch eine enge Pforte in eine andere Umzäunung geführt wurden. Der Major beobachtete das eintragen der Namen bis etwa fünfundzwanzig oder dreißig es gethan hatten, und dann rief er aus:

„Ich will verdammt sein, wenn nicht jeder einzelne von Euch Buchweisheit besitzt." Eine der Wachen rief einem Bürger zu, welcher über die Umzäunung schaute, „O, Mastah Hunt, wir haben einen ganzen Haufen Schulmeister gefangen, sie können alle schreiben." Ich zeichnete meinen Namen ein und ging durch die Pforte. Zwei Wachen (oder Rebellen) ergriffen mich, nahmen mein Messer, meinen Hut, meine Decke und meine Schuhe. Nachdem dieses geschehen, wurde mir befohlen mich nach dem anderen Ende der Umzäunung zu begeben, wo einige Wachen meine Kameraden in einer Ecke wie so viele geschorene Schafe hüteten. Einigen war alles bis auf Hemd und Hose genommen (jedoch wurde uns unser Geld und unsere Juwelen erlaubt). Schließlich wurden wir auf einen Frachtzug gebracht, nachdem wir vorher etwas Welschkornbrod erhalten, und dann ging es nach Richmond zu, der Hauptstadt der Conföderation. Um zehn Uhr Abends, des dritten oder vierten Tages, erreichten wir den James River, gegenüber von Richmond, überschritten eine Brücke, welche nach Belle Island führte, dann ging es einige Schritte hinunter und durch eine Walzwerke. George Baker, welcher gerade vor mir ging, sagte: „Sam, hier sind die Eisenwerke und nun kommt die Hölle." Er hatte leider nur zu sehr recht, denn Belle Island war eine von den Rebellen-Höllen. Wir wurden nach einem freien Theil der Insel befördert, wo ein seichter Graben circa sechs Acker Land einschloß. Das Erdreich dieses Grabens war nach Außen geworfen und bildete einen niedrigen Wall, auf welchem die Wachen patrouillirten. Schließlich wurde uns bedeutet uns niederzulegen und liegen zu bleiben, widrigenfalls uns die Wachen niederschießen würden.

Der Wind wehte eisig kalt vom James River her und der Platz wo wir lagen war so frei und offen wie eine Sandbank. Kein Zelt schützte uns und kein Feuer wärmte uns. Den ganzen Tag hatten wir gefastet, und waren in Folge dessen hungrig, kalt und elend bis zum Aeußersten. Einige von uns hatten weder Hosen, Rock noch Decke, und um uns gegen die Kälte bestmöglich zu schützen, drängten wir uns so dicht zusammen wie möglich, gerade wie so viele frierende Thiere, und deckten uns mit Zeltüberresten und Lumpen, welche man uns in Atlanta nicht abgenommen, zu.

Wir hatten mehrere Jahre des Soldatenlebens hinter uns, hatten oft in regendurchnäßten Kleidern auf der kalten, nassen Erde geschlafen, dieses jedoch war noch um einige Grade schlimmer, als bisher Erlebtes, indem uns nicht erlaubt war durch Bewegung unsere erstarrten Glieder geschmeidig zu erhalten. Einige litten an entzündeten und unverbundenen Schußwunden und mancher Seufzer entwand sich ihren fiebernden Lippen; wir konnten ihnen keine Hilfe leisten und nicht einmal einen Trunk Wasser reichen, obgleich der James River nur wenige Fuß entfernt war, denn es war sicherer Tod es zu versuchen.

Am nächsten Morgen um neun Uhr wurden wir zwecks Rationaustheilung gezählt und Jedem ein Stück ungesalzenen Welschkornbrods von der Größe eines halben Backsteins gegeben und uns erlaubt Wasser aus dem Fluß zu holen. Auf einem anderen Theil der Insel befanden sich eine Anzahl Gefangener, welche größtentheils bei Gettysburg ihre Freiheit einbüßten. Diese waren seit einigen Monaten hier und bestanden thatsächlich aus einer Anzahl zerlumpten mit Läusen bedeckten Skelette, von

denen einige zerrissene Zelte besaßen, während der Rest kein
Obdach hatte. Wir blieben einige Tage auf der Insel und wurden dann über den Fluß nach Richmond befördert. Die Offiziere
und schwer Verwundeten wurden von uns gesondert und wir
alsdann nach dem berüchtigten Libby-Gefängniß befördert, wo
unser Name, Compagnie und Regiment eingetragen wurde. Von
hier wurden wir nach dem Smith-Gebäude geschickt, ein vierstöckiges Backstein-Gebäude mit nackten Wänden und Dielen.
Nachdem wir unsere Plätze eingenommen, begannen wir über
unsere Lage zu sprechen. Einige von uns waren beim Verlassen
von Belle Island im Geheimen gewarnt worden, daß man in
Richmond uns unser Geld und unsere Werthsachen nehmen
würde; soweit jedoch war noch kein derartiger Versuch gemacht
worden. Wir verbargen unser Geld in den Schuhsohlen, Knöpfen und auf andere Weisen, wodurch wir die Rebellen irre zu
leiten hofften. Während wir hiermit beschäftigt waren, wurde
die Thür geöffnet und ein Rebellen-Offizier mit niedriger Stirn
und einer polizeiwidrigen Visage, gefolgt von einem Sklaven,
welcher einen Tisch und ein Buch auf dem Kopfe trug, trat ein.
Seinem Kommando: „Achtung, Gefangene! Tretet in Reih und
Glied!" wurde natürlich Folge geleistet. Einige Wachen stellten
sich vor und hinter uns auf und dann wurde uns befohlen, uns
weder zu rühren noch zu sprechen. Der Offizier hielt uns dann
nachstehende Rede: „Ich bin Major Turner, Provostmarschall
der Stadt Richmond, Conföderirte Staaten von Amerika. Ich bin von meiner Regierung beauftragt von Euch
Euer Geld und Eure Werthsachen zu fordern. Euer Name,
Compagnie und Regiment werden sorgfältig in dieses Buch ein-

getragen und wenn Ihr ausgeliefert oder entlassen werdet,
wird Euch Alles zurückerstattet, wofür ich hiermit die Ehre
der conföderirten Regierung verpfände. Ich gebe Euch jetzt
diese Gelegenheit Euer Geld zu retten und nachdem ich damit
fertig bin, das in Empfang zu nehmen was Ihr freiwillig her-
gebet, werdet Ihr von Männern, welche es verstehen, durchsucht
werden, und was alsdann gefunden wird, wird confiszirt."

Einer unserer Leute ersuchte um die Erlaubniß eine Frage
zu stellen. Sie wurde gegeben. Worauf der Kamerad sagte:
„Major Turner, da Sie in dieser Angelegenheit für die conföderirte Regierung handeln, wollen Sie, als Stellvertreter derselben,
uns einen Empfangschein für unser Geld in deren Namen aus-
stellen?"

„Nein! Ich bin nicht hier um meine Zeit zu vertändeln; ich
bin jedoch bereit Geld und Werthsachen in Empfang zu nehmen."

Eine beträchtliche Summe Geldes wurde ausgeliefert. Dann
kamen die Durchsucher (und ich muß bekennen, sie verstanden ihr
Geschäft). Das in den Messingknöpfen verborgene Geld war
verloren, denn jeder verdächtig aussehende Knopf wurde abgeschnitten. Nicht wenig Geld wurde gefunden, ein Theil war
jedoch so wohl verborgen, daß es unentdeckt blieb. Ein Mann
umwickelte etliche Banknoten mit Tabacksblätter und kaute sie;
als sein Mund untersucht wurde, ließ er den Taback in seine
Hand fallen bis die Untersuchung vorbei war.

Es ist wohl kaum der Erwähnung werth, daß uns das her-
gegebene Geld niemals zurückerstattet worden ist. Hier, wie auf
der Insel, erhielten wir als Tagesration ein Stück Welschkornbrod von der Größe eines halben Backsteins, nebst etwas madiger

Erbsensuppe, und ab und zu ein Stück übelriechenden Fleisches. Uns wurde gesagt es sei Mauleselfleisch und die Rundheit der Rippenknochen lieferte den Beweis, daß es kein Rindfleisch war. Tage und Wochen schwanden dahin, und wir verloren Fleisch zusehends; einige starben an Lungenfieber, während andere thatsächlich verhungerten. Hier hatten wir stets genügend Wasser, indem sich eine Wasserleitung in jedem Stockwerk befand. Um diese Zeit war es, daß unsere Regierung, welche erfahren hatte daß die Rebellen uns fast ganz nackt, hungernd und in ungeheizten Gebäuden und in dem ungeschützten Platze auf Belle Island behielten, durch den Auswechslungscommissär vorfragen ließ, ob es ihr vergönnt sei Unions-Gefangene mit Proviant, Kleidung und Medizinen zu versorgen, was von den Rebellen erlaubt wurde. Ungefähr dreißig Tausend Pfund Vorräthe wurden in Folge dessen auf ein die Parlamentär-Flagge führendes Boot uns zugeschickt. Ein kleiner Theil wurde den Gefangenen gegeben, während der Rest **auf Befehl von Jefferson Davis und seines Cabinets direkt der Rebellen-Armee zugeschickt** wurde, wie aus den bestehenden Archiven der Conföderation zu ersehen ist.

In Folge der Wortbrüchigkeit der Rebellen beim Austausch von Gefangenen wurde demselben ein Ziel gesetzt. General Grant entließ auf Ehrenwort zwölf Tausend Gefangene in Vicksburg, welche jedoch sofort in Lee's Armee wieder unter die Waffen traten. Als unsere Regierung für diese zwölf Tausend ebenso viele von ihren Gefangenen forderte, wurde diese Forderung von den Rebellen zurückgewiesen. Aus diesen und anderen Gründen fand kein Austausch von Gefangenen mehr statt.

Die Rebellen machten sich jetzt daran, uns so durch Hunger und Marter zu quälen, daß, wenn endlich durch den Druck des öffentlichen Willens des Nordens gezwungen unsere Regierung den unehrlichen Bedingungen des Feindes nachgab, wir als Soldaten nicht mehr zu gebrauchen waren.

Um diese Zeit war es, daß die Richmonder Zeitungen darauf aufmerksam machten, daß der Gestank aus den Gefängnissen den Gesundheitszustand der Stadt gefährdete und daß es angemessen sei diese "Söldlinge Lincoln's dahin zu schaffen, wo dieselben in Folge magerer Kost und kalten Wetters laut Naturgesetz bald vermindert würden." Dieser Wink genügte und wir wurden nach Danville, Va., geschickt, woselbst wir am 10. Dezember ankamen. Hier waren einige Tabacksfabriken in Gefängnisse umgewandelt worden. Circa fünf Hundert befanden sich im Gefängniß No. 5, in dessen Nähe sich ein großes Waarenlager befand, woselbst die Bewohner der Umgegend ihren Zehnten oder Steuern in Produkten entrichteten.

Große Quantitäten von Kohl und anderen Gemüsen wurden hier abgeliefert und die Küfer unter den Gefangenen mußten Fässer machen, worin die von Sklaven zerschnittenen Kohlköpfe verpackt und der Rebellenarmee zugeschickt wurden. Die Blätter und Stiele, häufig mit Tabacksjauche bespritzt und von Blattläusen wimmelnd, wurden uns als Dessert zugeworfen, und wir waren froh dieselben zu erhalten, indem unsere anderen Rationen nicht vermindert wurden.

Um diesen Haufen von Abfall sammelten wir uns und warteten ungeduldig auf unseren Theil des Futters, dabei das Gebrüll und Geblöck von Rindvieh und Schafen nachahmend.

Unsere Rationen waren hier besser als in Richmond, aber an Wasser litten wir bitteren Mangel.

Je zehn Mann war es erlaubt einen aus ihrer Mitte, in einem Eimer, Wasser aus dem dreißig Ruthen entfernten Dan River holen zu lassen, wenn die Wasserabtheilung zu dem Zwecke unter strenger Bedeckung abgeschickt wurde. Hierzu wurde stets der stärkste Mann gewählt, fiel er in Folge von Schwäche oder verschüttete das Wasser aus irgend einem anderen Grunde, so mußten alle an dem Tage dursten. Im Januar verlangten Lungenfieber und die Blattern viele Opfer. Zu einer Zeit waren sechsundachtzig Fälle von Blattern allein in unserer Abtheilung, während viele an anderen Krankheiten darniederlagen. Ab und zu bekamen wir weder Wasser noch Rationen, weil die Rebellen die Ansteckung fürchteten, und an solchen Tagen litten unsere an Fieber darniederliegenden Kameraden entsetzliche Qualen. Unsere Wächter wurden weniger sorgsam, dachten vielleicht, daß wir zu sehr heimgesucht waren um einen Fluchtversuch zu wagen. Einige von uns hatten ein Loch in die Diele gemacht und begannen einen unterirdischen Gang zu graben. Die Erde wurde nach einem alten Keller geschafft, während zum graben eine Küfersagt und eine Thierangel dienten. In etwa drei Wochen war der Gang oder Tunnel 147 Fuß lang, lief über die Wachenlinie hinaus und endete unter dem Hause einer farbigen Familie. Sechsundachtzig entkamen. Es war Mitternacht als der Fluchtversuch entdeckt wurde. Die Stadt befand sich in ungeheurer Aufregung; Kanonenschüsse wurden abgefeuert und Glocken geläutet. Die umliegenden Ortschaften wurden in einem weiten Kreise von dem Ereigniß, daß die „Blattern Yanks" ausgebrochen waren in

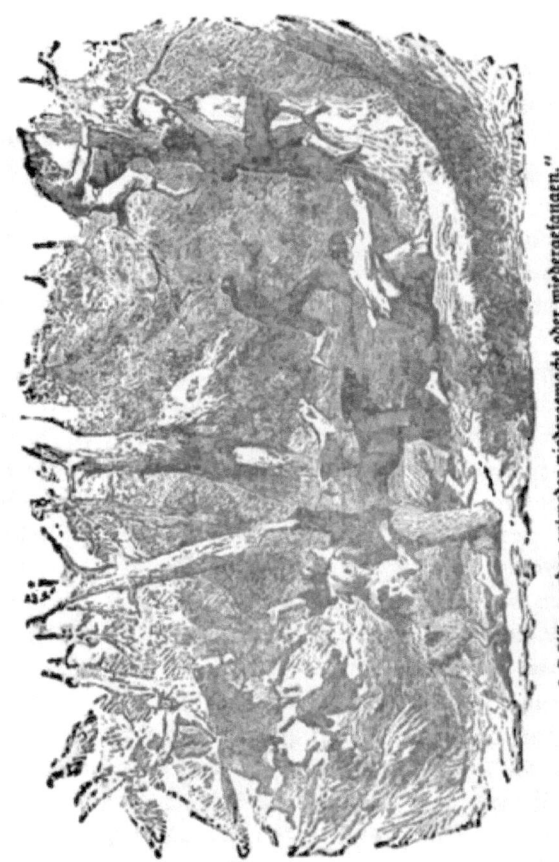

„Faſt Alle wurden entweder niedergemacht oder wiedergefangen."

Kenntniß gesetzt. Bewaffnete Männer, von Hunden unterstützt, durchsuchten das Land nach allen Richtungen und nach Verlauf von zehn Tagen waren fast Alle entweder niedergemacht oder wiedergefangen. Viele fanden ihren Tod in den Wäldern, da sie sich schon im Fieberstadium zur Zeit ihrer Flucht befanden.

In der Nacht als der Tunnel fertig und der Fluchtversuch gemacht wurde, machten sich diejenigen, die davon wußten, daran die Schuhe den unbestatteten Todten abzuziehen, sowie von den Schläfern zu stehlen, welche uns bei unserer Flucht durch Wald und Gebüsch sehr zu statten kamen. Wege und Pfade wurden vermieden, und jeder wählte seinen eigenen Weg. Es war Mitte Februar, die Nächte waren dunkel und regnerisch, ab und zu fiel auch etwas Schnee. Meine mehr wie dürftige Kleidung, und meine Verwundung an vielen Stellen durch das Gestrüpp, machte es äußerst schwierig schnell vorwärts zu kommen um unsere 200 Meilen entfernten Lager zu erreichen. Die Bluthunde fanden meine Spur und in kurzer Zeit war ich wieder gefangen und nach meinem früheren Gefängniß zurückgebracht, wo ich bis zum März verblieb, in welchem Monate uns mitgetheilt wurde, daß eine Auswechslung von Gefangenen stattfinden würde. Am nächsten Morgen wurden wir auf einen Frachtzug gebracht und es ging dem Norden zu. Aus verschiedenen Gründen glaubten wir, daß es dem „Lande Gottes" zuging und „das hohle Auge wurde hell und das arme Herz wieder froh bei dem Gedanken bald wieder die Heimath und Freunde zu sehen."

In Petersburg wurden wir auf einen anderen Zug gebracht und jede Vorsichtsmaßregel getroffen uns am Entfliehen zu hindern. Der Zug ging dem Süden zu, wohin wußten wir nicht.

Nach fünf oder sechs Tagen erreichten wir Macon, Ga. Von dort ging es fast direkt südlich durch dichte Tannenwaldungen. Nachdem wir etwa sechzig Meilen gefahren waren, erreichten wir eine Lichtung, in welcher sich sieben oder acht Blockhäuser befanden. Dies war Andersonville. Nachdem wir den Zug verließen, wurden wir nach einem Stück freien Landes geschafft, von wo aus wir in östlicher Richtung, etwa eine viertel Meile entfernt, eine ausgedehnte Umzäunung gewahrten. Während der letzten Tage unserer Reise war uns kein Wasser verabreicht worden und wir litten schrecklich an Durst. Der Boden des Frachtwagens, in welchem ich mich befand war mit einer halbzölligen Lage von Kalkstaub bedeckt und jede Bewegung der fünfundsiebenzig Insassen trieb denselben auf und verursachte entsetzliche Qualen. Zwei Mann starben während der Fahrt. Etwa zwei Ruthen entfernt von dem Platze wo wir lagerten lief ein kleiner Bach vorbei, und da die Wache sich zwischen uns und dem Wasser befanden, wandte ich mich an dieselbe, mit der Bitte, Wasser holen zu dürfen. In dem Augenblick ritt ein kleiner Rebellen-Kapitän auf einem Grauschimmel heran, hielt mir einem Revolver unter die Nase und schrie: „Du verwünschter Yankee! Warte nur, Du sollst bald so viel Wasser haben, daß du darin ersaufen kannst." Er ritt verschiedene Male um uns herum, seinen Revolver schwingend und abwechselnd auf die Wachen und auf uns schimpfend. Nachdem er sich überzeugt hatte, daß keiner von uns Etwas besaß, was des Stehlens werth war, begann er uns in Detachements abzutheilen. Für jedes Detachement wurde ein Sergeant ernannt. Bei dieser Zeit wußten wir, daß dies Kapitän Wirz, der Kommandant des Gefängnisses war.

Schließlich kam das Kommando den Marsch nach der Umzäunung anzutreten, welcher langsam von statten ging. Obgleich wir nur eine Kolonne von zerlumpten, lausigen Skeletten waren und kaum die Kräfte besaßen davon zu laufen, falls man uns die Gelegenheit dazu geboten, hielt man es dennoch für rathsam uns durch eine doppelte Reihe von Wachen passiren zu lassen. Wir näherten uns der Umzäunung und den massiven Holzthoren, welche bestimmt waren das Leben und die Hoffnung fast Aller für immer auszuschließen. Nahe der Pforte lag ein Haufen von Leichen, deren Augen in steinernem Glanz schienen, mit rauchgeschwärzten Gesichtern, während das lange Haar und der fast fleischlose Körper derselben von Läusen wimmelte. Wie Manchem von uns stand ein gleiches Schicksal bevor! Die Rebellen gebrauchten jede mögliche Vorsichtsmaßregel um einen Fluchtversuch zu verhüten, da sie von unserer Verzweiflung fast Alles erwarteten und wohl mit Recht. Die Artilleristen standen mit brennender Lunte an ihren mit Kartätschen geladenen Kanonen, welche direkt auf die Thore gerichtet waren. Dann wurden die großen Riegel bei Seite geschoben, das große Thor drehte sich in seinen massiven eisernen Gehängen und beim Eintritt in diese Hölle auf Erden fühlten wir, daß wir von der Welt abgeschlossen und der Willkür unserer grausamen Wächter vollständig preisgegeben waren.

Der Bach der durch das Gefängniß lief wurde mit Sturm genommen, da wir dem Verschmachten nahe waren. Das Wasser wurde bald trübe; zwei Kameraden, um reines Wasser zu erreichen, überschritten die "dead line" (die Linie über die hinaus wir nicht gehen durften) und fielen todt in's Wasser, von den

Wachen niedergeschossen. Wir wagten nicht ihre Leichname herauszuziehen, bis wir von einem Rebellenoffizier, welcher schließlich herankam, den Befehl dazu erhielten. Nachdem dies geschehen, wurde wieder getrunken, trotzdem das Wasser von dem Blut unserer Kameraden roth gefärbt war. Nicht einmal zehn Minuten waren wir in unserem neuen Gefängniß und schon waren zwei von uns da, um den Leichenhaufen vor der Pforte anschwellen zu helfen. Ihr Tod war ein schneller und das entsetzliche Elend blieb ihnen erspart, daß wir Anderen erdulden mußten. Müßte ich es noch einmal durchmachen, keinen Augenblick würde ich mich besinnen die „Grenzlinie" zu überschreiten und die Wache bitten, mit einem wohlgezielten Schuß aus seiner alten Queen Anne Flinte, meinem Leben ein Ende zu machen.

Zweites Kapitel.

Das Andersonville Gefängniß, wie von Howell Cobb und John H. Winder gezeichnet.—In der Umzäunung.—Marter-Instrumente.—Bluthunde. — Der Waſſer-Bedarf.— Unſere Schlafſtellen.— Weitere von Belle Island.—Unſere Beſchäftigung.—Die Raiders.—Neue Art Mehlſäcke.—Kleidung, Betten oder Kochgeſchirr wurde uns nie geliefert. — Conföderirte Soldaten auf dem Schlachtfelde brave und humane Männer.—Gefangene an den Thoren von Hume, Duncan, Winder und Wirz, Scheuſale in Menſchengeſtalt, beraubt.—Todt des „Krummnaſigen."—Gegenſatz zwiſchen die Georgianer und die Alabamer. — Aerzte weigern ſich die Wunden eines Neger-Soldaten zu verbinden.—Ein weißer Sergeant einer Trupp Neger wird ermordet. — Elf Prozent der Gefangenen ſterben im Monate April.— Ueber zehn Tauſend Gefangene in der zwölf Acker großen Umzäunung.—Menſchliche Excremente von drei bis zehn Zoll tief.—Millionen von Fliegen und Maden.— Die Plymouth „Pilger."—Land Speculationen.—Die „Raiders" wieder.

Auf Anrathen von Howell Cobb und John H. Winder wurde das Andersonville-Gefängniß an einem Platze aufgeführt, wo es vor einem Ueberfall ſeitens unſerer Armee ſicher war und jedenfalls in der Abſicht ſeine unglücklichen Inſaſſen durch natürliche Mittel, nämlich Hunger und der Elemente Gewalt langſam aber ſicher aus dem Wege zu ſchaffen. Etwa drei Acker in der Mitte des Gefängniſſes bildeten einen ſcheußlichen Sumpf, welchem je nach der Jahreszeit tödtliche Miasmen entſprangen. Selbſt nach dem Zeugniß von Conföderirten iſt es feſtgeſtellt worden, daß ſich in nächſter Nähe viele Plätze mit guten Quellen befanden, welche den Gefangenen einen beſſeren Aufenthaltsort

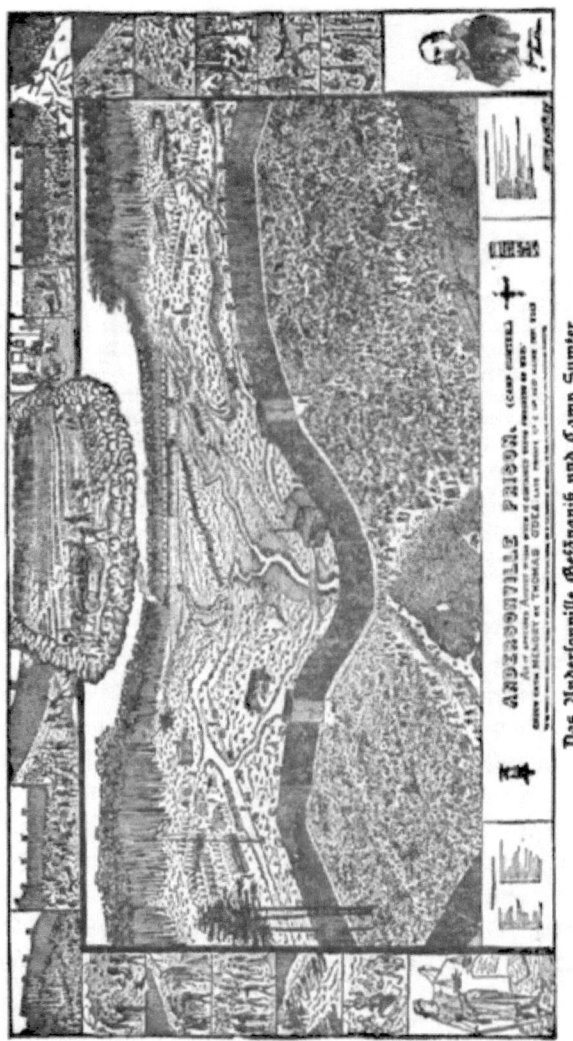

Das Andersonville Gefängniß und Camp Sumter.

gewährt hätten, aber bis hierher habe ich noch nicht gehört, daß weder von Davis noch von seinen Agenten jemals ein Versuch gemacht worden ist, es zu entschuldigen, den todbringenden Sumpf in das Gefängniß einzuschließen.

Die dichtstehenden Fichten waren gefällt, in Längen von fünfundzwanzig Fuß geschnitten und dann in Quadrate so groß als der Umfang des Baumes es erlaubte, behauen worden. Ein fünf Fuß tiefer Graben war um das siebzehn Acker enthaltende Grundstück aufgeworfen und die Baumstämme dicht an einander in denselben gesetzt worden und bildeten somit eine Wand von etwa zwanzig Fuß Höhe. Um derselben einen besseren Halt zu geben, hatte man noch einen querlaufenden Balken, etwa drei Fuß vom oberen Ende der Wand von außen angelegt und jeden einzelnen Baumstamm daran angenagelt. Von Norden nach Süden nahm daß Gefängniß die größte Länge ein, von jedem Ende nach dem Sumpf hinabfallend, durch welchen der vier Fuß breite und fünf Zoll tiefe Bach lief, der den Wasserbedarf lieferte. In regelmäßigen Zwischenräumen waren längs der Wand die vierundvierzig Schilderhäuser der Wachen angebracht, und da sich diese in der Nähe des oberen Theils befanden, konnten sie von dort aus jeden Fleck des Gefängnisses übersehen.

Es waren nur zwei Eingänge oder Thore vorhanden, beide an der westlichen Seite, und Nord- und Süd-Thor genannt. Innerhalb der Wand und zwanzig Fuß davon entfernt befand sich die Grenzlinie (dead line), durch Latten, welche auf drei Fuß hohe Pfähle gelegt waren, bezeichnet und welche die Gefangenen bei Todesstrafe weder berühren noch überschreiten durften. Außerhalb des Gefängnisses und in entprechender Entfernung

Ein Spür-Hund.

davon waren eine Anzahl Erdwerke aufgeworfen und zwar in solcher Höhe, daß die Artillerie von denselben aus das ganze Innere mit Kartätschen bestreichen konnte. Etwa zwanzig Ruthen südwestlich vom Südthor befand sich auf einer Anhöhe, von welcher aus das Gefängniß zu übersehen war, ein großes Blockhaus, welches den Rebellenoffizieren als Quartier diente. Von einer vor diesem Hause angebrachten Stange wehte die Flagge der Conföderation. In der Nähe der Flaggenstange befanden sich zwei Signalkanonen, um die ganze Mannschaft in Kenntniß zu setzen, falls ein Ausbruch versucht werden sollte. Zwischen diesem Hause und dem Südthor befanden sich die Folter-Instrumente, die Stöcke, die Daumschrauben, das gepflöckte Halsband u. s. w. Drei verschiedene Stöcke waren da — einer in welchem der Gefangene auf den Zehenspitzen stehen mußte, während seine Hände über einen Balken befestigt waren und der Kopf unter demselben nach vorwärts gedrückt war. In dem zweiten Stock saß der Gefangene auf der Erde, Hände und Füße in einem vor ihm angebrachten Holzgestell befestigt. Der dritte Stock war ein wagerechtes Gestell, der Gefangene lag auf dem Rücken mit gebundenen Händen und Füßen, während der Kopf in ein vorstehendes Brett befestigt war, welches alsdann so gestellt wurde, daß sich Körper und Glieder in einer höchst schmerzhaften Spannung befanden. Diese Marterwerkzeuge waren höchstwahrscheinlich früher dazu benutzt worden, um Sklaven in dem nöthigen Gehorsam zu halten. Die Gewandtheit, mit welcher diese Instrumente von den Gefängnißwärtern gehandhabt wurden, war bewundernswerth. Etwa eine halbe Meile nördlich von dem Gefängniß befand sich ein großes Sandfeld; hierher wurden die

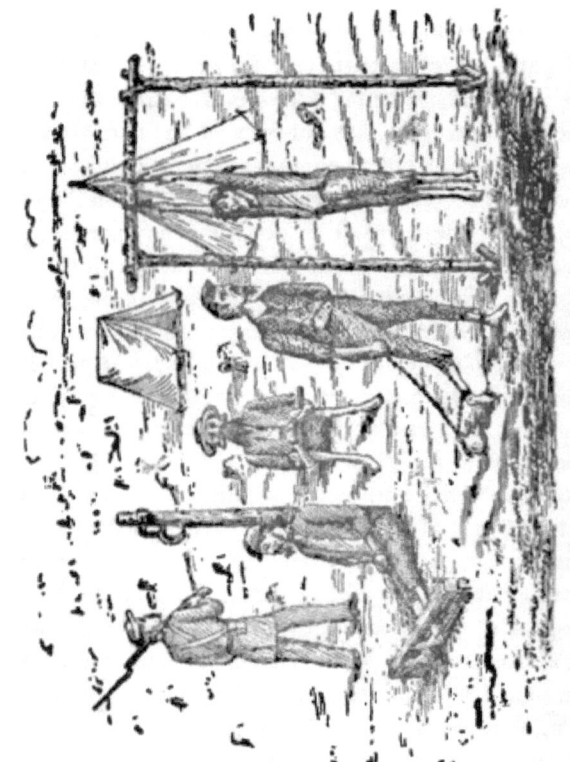

Art und Weise wie die Gefangenen, welche zu Entfliehen suchten, gemartert wurden.

Todten in Karren gefahren, dann in seichte Gräben ohne Sarg oder Kleider gepackt und eine Schichte Erde über sie geworfen. Auf dem Wege zu diesem Leichenfelde befand sich ein Blockhaus, in welchem die Spür- und Bluthunde gehalten wurden, 30 oder 40 an der Zahl, um entsprungene Gefangene oder weggelaufene Sklaven einzufangen. Der kleine Bach welcher durch das Gefängniß von Westen nach Osten durchlief, hatte seinen Ursprung in einer Anzahl von Quellen in der Nähe des Gefängnisses, längs welchen sich die Zeltlager der Rebellen und einer großen Anzahl von Sklaven befanden. Das Abzugswasser von den Lagern und den Abtritten derselben, die Abfälle von dem großen Kochhaus, welches sich direkt an dem Bache befand, Alles wurde in den Bach geworfen, oder lief demselben zu und man wird mir glauben, daß das Wasser desselben ungefähr so rein war wie schmutziges Spielwasser. Außerhalb des Gefängnisses und rings um dasselbe herum befanden sich zahlreiche Haufen von Fichtenknorren, mit welchen an dunklen, nebligen Nächten helle Feuer unterhalten wurden, um die Umgebung zu erleuchten.

Der uns zugedachte Platz wurde dem Sergeanten unseres Detachements gezeigt, worauf derselbe uns nach der Nordost-Ecke des Gefängnisses leitete, wo wir uns sogleich daran machten unsere Schlafstellen herzurichten. Diese wurden in Reihen angelegt, Nord und Süd laufend, wobei ein schmaler Gang zwischen je neunzig freigelassen wurde. Es waren noch Ueberbleibsel von den Palisadenbälken da, der größte Theil war aber von den vor uns angekommenen Gefangenen, von welchen sich einige schon seit Monatsfrist dort befanden, zum Hüttenbau und für Feuerungsmaterial benutzt worden. Die größeren Aeste und Zweige waren

Rebellen-Capitän Wirz seinen täglichen Besuch nach der Bluthunden-Hütte machend. Die großen Hunde „Spot" und „Nero."

fort, aber kleinere gab es noch, und mit diesen und in der Sonne getrockneten Lehmziegeln gelang es uns ein Obdach herzustellen, welches für die trockene Jahreszeit genügte; wenn es aber regnete, schien mehr Regen in der Hütte zu fallen wie außerhalb derselben und die Lehmziegel mußten auf's Neue gemacht werden.

Unsere Tagesrationen bestanden jetzt aus einem Pint groben Welschkornmehls und einem halben Pint Stock-Erbsen.

Nachdem wir gethan hatten was wir konnten für uns selbst und unsere kranken Kameraden (und deren waren nicht wenige), gingen einige von uns zu den vor uns Angekommenen, um etwaige Bekannte aufzufinden (es waren etwa zwei Tausend Gefangene da zur Zeit unserer Ankunft). Wir fanden Freunde von Richmond und Belle Island vor. Vielen waren Finger und Zehen erfroren, so daß dieselben abfaulten. Der James River war drei Mal überfroren, so daß Fuhrwerke denselben passirten, und dabei waren sie ohne Obdach gewesen und ohne genügende Kleidung. Viele waren auf der Insel gestorben und einige hier, im Ganzen aber hatte der Wechsel ihre Lage verbessert, weil sie hier mehr Raum, Feuerung und Obdach hatten. Alle waren gleich wißbegierig Auswechselungsneuigkeiten zu erfahren, wir konnten ihnen aber nur mittheilen, wie wir hintergangen worden waren als wir Danville verließen. Ihnen war dasselbe widerfahren beim Verlassen von Richmond und Belle Island.

Die Zeit schlich langsam dahin und wir fühlten uns von Gott und der Welt verlassen. Während wir den allmächtigen baten, die Herzen unserer grausamen Wächter zu erweichen, wurde Jefferson Davis mit Bittschriften von dem gutherzigen Volk des Südens bestürmt, Winder und Wirz abzusetzen, und menschliche

Wärter an deren Stelle zu setzen, aber eine Aenderung trat nicht ein.

Mit Verbesserung unseres Obdachs und tödten der Läuse füllten wir ein gut Theil unserer Zeit aus. An warmen Tagen nahmen wir unsere Lumpen ab und in Reihen dasitzend, wurde eifrig Jagd auf die Quälgeister gemacht.

Tag und Nacht kamen neue Züge von Gefangenen an, da die Rebellen die Insassen anderer Gefängnisse hierher brachten. Um diese Zeit waren sieben Tausend hier, und unter der letzten Zufuhr von Richmond befanden sich circa ein Hundert in Sünden und Laster versunkener rohe Kerle aus New York. Diese Kerle waren professionelle „Bounty Jumpers" welche sich gegen hohe Entschädigung als Stellvertreter hatten anwerben lassen. Durch die Wachsamkeit der Werbeoffiziere wurde ihnen jede Gelegenheit zu entkommen abgeschnitten, indem man sie sofort nach der Front schickte; hier nahmen sie dann die erste Gelegenheit war, um sich gefangen nehmen zu lassen, in der Hoffnung auf Ehrenwort frei gelassen zu werden. In dieser Erwartung sahen sie sich jedoch getäuscht und gingen unter sich eine Verbindung ein, ihre Mitgefangenen zu berauben und wenn nöthig zu morden. Von Kameraden, welche mit ihnen in Richmond gefangen gewesen waren, erfuhren wir, daß sie wie die Raben stahlen. Ihr Lager befand sich auf einem erhöhten Platze auf der südlichen Seite des Baches. Im Besitze von Geld und besserer Kleidung als die anderen Gefangenen, (welches sie wohl ihrer Fingerfertigkeit zum Theil zu verdanken haben) war es ihnen möglich, sich einige lange Stämme zu verschaffen, und nachdem sie ihre Zeltstücke zusammengenäht hatten, machten sie sich daran ein großes Zelt zu errichten, welches späterhin unter den Namen „Raider Headquarters" bekannt war. Von den Rebellenoffizieren suchten sie Vergünstigungen zu erhalten, dafür Spionsdienste leistend. Neuankommenden kamen sie mit Freundlichkeit entgegen, halfen ihnen ein Unterkommen zu finden, wodurch sie Gelegenheit hatten, in Erfahrung zu bringen, ob dieselben etwas besaßen, was des Stehlens Werth war.

Jeden Morgen um acht Uhr kam ein Rebellensergeant, um die Detachements und die Unterabtheilungen von neunzig zu zählen, während um drei Uhr Nachmittags ein mit vier Mauleseln bespannter Wagen hereinfuhr, um das in demselben enthaltene grobe Welschkornmehl auszutheilen. Zwei Mann für jede neunzig wurden alsdann von dem Sergeanten aufgefordert die Rationen in Empfang zu nehmen. Derjenige welcher ein Paar Hosen oder Unterhosen besaß, welche Mehl wegen Mangel an Löchern halten konnten, indem man die Beine zuband, erhielten für den leihweisen Gebrauch derselben einen Löffel voll Mehl. Nachdem die Austheilung der Rationen in Quantitäten genügend für je Neunzig stattgefunden, wurden dieselben an Ort und Stelle befördert und dann jedem Einzelnen sein Theil zugemessen, welcher aus einem Pint Mehl und einem Löffel voll Erbsen bestand, oder anstatt der Letzteren aus einem Stück Fleisch, etwa eine Unze wiegend. Ein Knochen sechs oder acht Unzen schwer, wurde als eine Ration betrachtet. Fast alle aßen ihre Rationen sobald sie dieselben erhielten. Viele aßen dieselben roh, wegen Mangels an Kochgeschirr und Feuerungsmaterial. Während meiner ganzen achtzehn Monate langen Erfahrung als Gefangener wurden uns niemals Becher, Kochgeschirr oder Kleidung von den Rebellen geliefert, nur Wassereimer in Danville, Va.

Austheilung der Rationen.

Einige von den Gefangenen besaßen zur Zeit ihrer Gefangennahme einen Feldkessel, eine Katine und ein altes Messer. Gewöhnlich wurde ihnen erlaubt diese Gegenstände zu behalten, und von welchem Werth sie für den Gefangenen waren, läßt sich kaum ermessen. Erfahrung hatte uns gelehrt alle Blechstücke u. s. w. aufzuheben. Auf unsere Fahrt nach Andersonville wurde unser Zug vom Geleise geworfen, und ich machte mich sofort daran, daß von einem Wagendach abgelöste Blech aufzurollen, während einige von meinen Kameraden Nägel und Bolzen sammelten. Es gelang uns diese Gegenstände in unseren Lumpen und Zeltstücken einzuschmuggeln und mit Hilfe eines Klempners und der Nägel und Bolzen als Werkzeuge, gelang es uns daraus einen Blecheimer, welcher vier Quart hielt, und eine viereckige, vier Zoll tiefe Pfanne, welche sechs Quart hielt, herzustellen. In diesen kochten wir unsere Rationen und um die Pfanne herumsitzend, leerten wir sie, dabei den Wunsch nach mehr hegend. Wenn wir unseren Nachbarn die Pfanne liehen, so wurde dieselbe mit einem Löffel voll Brei darin als Miethzins zurückerstattet. Einige, welche kein Kochgeschirr besaßen, gingen, ihr Mehl in einen schmutzigen Lappen gehüllt, herum und frugen vor, wer gekochtes Mehl gegen ungekochtes umtauschen wollte, und meistens gelang es ihnen einen Tausch abzuschließen.

Obgleich die Rebellen die Ankömmlinge scharf nach Geld, Uhren und Werthsachen untersuchten, so fanden sie doch nicht Alles. Einige gelangten in das Gefängniß ohne beraubt zu werden. Viel hing davon ab, welche Offiziere zur Zeit das Kommando führten. Kamen sie am Tage an und Hume oder Duncan waren wachthabende Offiziere, dann verloren die Gefangenen Alles, was des Habens werth war. Die conföderirten Soldaten im Felde beraubten ihre Gefangenen höchst selten. Nach meiner eigenen Anschauung waren sie menschlich und ehrenhaft und theilten Speise und Trank mit den Gefangenen. Sie glaubten, daß sie für ihre Rechte kämpften und gegen diese kann und mag ich Nichts sagen.

Nicht wenig Geld fand trotz alledem seinen Weg in das Gefängniß. Vielleicht einer aus zwei Hundert besaß von einem bis zu hundert Dollars. Ein Papier-Dollar war sieben in conföderirtem Gelde gleich. Ein Handel fand zwischen den Rebellensoldaten und den Gefangenen statt, und wurde von einigen der Letzteren vermittelt, welche zum Bau eines Kochhauses und anderen Arbeiten verwandt wurden. Morgens wurden sie herausgeholt und Abends wieder hineingebracht. Der Quartiermeister der Rebellen errichtete in der Mitte der nördlichen Hälfte eine Hütte, füllte dieselbe mit Mehl, Erbsen, Salz, Taback und anderen Artikeln, von denen er hoffte, daß sie das Geld, was die Gefangenen noch besaßen, herauslocken würden. Zwei von unseren Jay Goulds—Charles Hudelby und Ira Beverly—setzte er als Verwalter ein, welche einen Prozentsatz vom Gewinn erhielten. Wir nannten diese Hütte die Marketender-Bude. Die Waaren wurden zu unglaublichen Preisen verkauft; ein gehäufter Theelöffel voll Salz 25 Cents, ein kleiner Bisquit 50 Cents, und alles Andere im Verhältniß. Die ausgehungerten Skelette standen herum, betrachteten die guten Dinge, konsultirten den Betrag ihres Geldes und den Zustand ihres Magens, und daß Geld kam zum Vorschein.

Niemand, der nicht persönlich da war, kann sich auch nur

annähernd einen Begriff von unserem Aussehen um diese Zeit
machen. Fast alle waren wir seit sieben oder neun Monaten in
Kriegsgefangenschaft gewesen; unsere Kleider waren ausgetragen,
eine Anzahl ging vollständig nackt herum. Einige hatten ein
zerlumptes Hemd und keine Hosen, andere hatten Hosen und kein
Hemd; wieder ein anderer hatte eine Soldatenkappe auf seinem
Kopfe und nichts weiter. Wir waren so mager, daß die Hüft-
knochen und Schultern soweit vorstanden, daß man einen Hut
daran aufhängen konnte; die wettergebräunte Haut zog sich fest
über die Knochen, und die Gesichter und anderen freien Theile
des Körpers waren mit einer Lage schwarzen Rußes überzogen,
welcher von dem schwarzen Rauch des theerhaltigen Fichtenholzes,
welches wir zum Kochen benutzten, herrührte. Unser langes
Haar war steif und schwarz von derselben Substanz; mit Wasser
allein war sie nicht abzuwaschen und Seife gab es nicht. Den
Zustand der Kranken und Sterbenden zu beschreiben, ist nicht
möglich. Die „Grenzlinie" forderte ihre Opfer und die Marterwerkzeuge nicht minder. Wie oft hörten wir nicht früh Morgens
das Gebell der Bluthunde! Wir wußten dann, daß ein armer
Kerl einen Fluchtversuch gemacht hatte. Das Gebell der Hunde
war nach kurzer Zeit nicht mehr vernehmbar, aber ein Trompeten-
stoß, begleitet von dem Freudengeheul der Rebellen tönte zu uns
herüber, der Entsprungene war erfaßt worden. Nach kurzer Zeit
erschien man mit ihm, obwohl mit Blut bedeckt, wurde er zu den
Stöcken geführt und in die Höllenmaschine eingespannt, wo alsdann die Schmeißfliegen ihre Eier in seine Wunden legten. Zehn
bis zwölf Stunden lang mußte er diese Marter erdulden, dann
wurde er in das Gefängniß zurückgeführt, ohne daß seinen Wun-

den die geringste Aufmerksamkeit geschenkt wurde. Ein paar Tage später war sein Körper eine wimmelnde Masse von Maden.

Viele Fluchtpläne waren gemacht worden; Tunnel waren gegraben, die Palisaden wurden in dunklen Nächten überstiegen, Andere hatten sich als todt hinaustragen lassen, und wieder Andere sich unter den Proviantwagen angeklammert, aber fast Alle wurden vereitelt, in Folge von Verräthern. Wer dieselben waren, wußten wir nicht. Einige hatten die New Yorker Kerle in Verdacht, und andere wieder einen einbeinigen, krummnasigen Mann vom 38. Illinois Regiment. Er war mehrere Male draußen gewesen und schien mit Wirz auf gutem Fuße zu stehen.

Ungefähr hundert Mann waren daran einen Tunnel zu graben, welcher seinen Anfang in einer Hütte nahe der „Grenzlinie" nahm. Eines Tages kam ein Offizier mit mehreren Wachen heran, brachen den Tunnel ein und führten die Insassen nach den Stöcken. Der Verräther mußte nun ermittelt werden, und der Verdacht wandte sich mehr und mehr gegen den Krummnasigen. Die wüthenden Gefangenen machten sich hinter ihn her, er lief oder hüpfte auf die „Grenzlinie" zu und kroch unter die Latten durch. Die Wache erhob ihr Gewehr und befahl ihm zurückzugehen, worauf er sich aufrichtete, seine Brust entblößte und der Wache zu schießen gebot, indem er ausrief: „Wenn ich das Vertrauen meiner Kameraden verloren habe, so will ich sterben." Die Wache feuerte und er fiel todt nieder. Zwei Regimenter versahen den Wachtdienst über uns; das 26. Alabama und 55. Georgia. Die Alabamer waren intelligente, gutherzige Leute und schossen niemals auf Gefangene; es sei denn

sie versuchten zu entfliehen oder verweigerten Befehlen Folge zu
leisten. Die Georgier waren unwissend und brutal, und schienen
Freude daran zu haben, Gefangene zu quälen und niederzu-
schießen. Es war einer vom 26. Alabama Regiment, der den
soeben erwähnten einbeinigen Hubbard niederschoß, wofür ihm
kein Tadel gebührt. Hubbard hatte die „Grenzlinie" überschritten und sich geweigert zurückzugehen. Wäre einer vom 55.
Georgia Regiment auf Wache gewesen, so wäre ihm keine War-
nung zu Theil geworden, sondern ohne Weiteres niedergeschossen.

Die Alabamer sprachen häufig mit uns von ihren Posten
ans, während die Georgier häufig auf uns schossen, wenn wir sie
anredeten. Es waren noch mehr Rebellentruppen hier stationirt,
welchen Regimentern dieselben angehörten, habe ich nie in Erfahrung bringen können. Circa 200 farbige Soldaten vom 8. Regiment der regulären Armee der Ver. Staaten befanden sich in dem
Gefängniß. Diese waren im März bei Colustee, Fla., gefangen
genommen. Einige waren schwer verwundet; einem war seine
Hand abgeschossen worden, und um das Maß seiner Leiden noch
voller zu machen, hatte man ihm seine Ohren und die Nase abgeschnitten und noch auf andere Weise verstümmelt. Die Aerzte
weigerten sich seine Wunden zu verbinden oder seinen zerschmet-
terten Arm zu amputiren. Er kam nackt in das Gefängniß, und
erlag schließlich seinen vielen Wunden. Die Neger wurden allein
gehalten und unter einen weißen Unions-Sergeanten gestellt. Sie
mußten allerlei Arbeiten außerhalb des Gefängnisses verrichten,
und eines Tages wurde der Sergeant von einem vom 55.
Georgia Regiment ohne die geringste Anreizung niedergeschossen,
einzig und allein darum, daß er die Aufsicht über die Neger führte.

Es war gegen Ende April und circa elf Prozent der zehntausend Insassen des Gefängnisses waren im Laufe des Monats gestorben. Der Grund war überall von den Gefangenen besetzt und nur am Rande des Sumpfes entlang war noch ein Streifen frei. Hier waren die menschlichen Excremente von drei bis zehn Zoll tief, und von den häufigen Regenschauern aufgeweicht, waren sie übergeflossen. Millionen und Millionen von Fliegen schwärmten über denselben und diese Masse von stinkendem Unrath wurde schließlich zu einem wahren See von wimmelnden Maden. „Die größten krochen auf den heißen Sand, warfen ihr schwanzartiges Anhängsel ab, Flügel entfalteten sich und ein Fluchtversuch gemacht; Tausende fielen dabei in unser Essen, unsere Schlafstellen und auf die Gesichter der Kranken und Sterbenden."

Wir meinten das Gefängniß war so voll wie es nur sein konnte, und waren deshalb nicht wenig erstaunt, eines Morgens zwei Tausend wohlgekleidete, rein und fettaussehende junge Burschen eine der Hauptstraßen einnehmen zu sehen. Das ganze Lager gerieth in Aufregung und war begierig vom Norden und dem Fortgang des Krieges zu erfahren. Wir sammelten uns um sie, aber ihr Gebahren zeigte nur zu deutlich, daß sie uns so weit von sich abzuhalten suchten wie nur möglich, während die Umgebung einen solch' niederdrückenden Einfluß auf sie ausübte, daß nur wenige von ihnen sprechen wollten. Nach Verlauf einiger Zeit erfuhren wir, daß sie bei Plymouth, N. C., gefangen genommen waren, wo sie sich einer überwältigenden Uebermacht hatten ergeben müssen. Auf die Frage, wie es ihnen gelungen mit ihren Tornistern, Decken und sonstigen Sachen hineinzugelangen und weßhalb sie nicht von Wirz, („Old Dutchman" genannt) und dessen Assistenten ausgeraubt worden seien, antwortete einer: „Wir hatten gehört, daß der alte Jeff Davis seine Gefangenen ausraubte und verhungern ließ, und machten deshalb die Bedingung bei unserer Uebergabe, daß uns nichts genommen werden sollte. Hätten wir eine Idee gehabt, daß dieser Platz so war wie er ist, wir hätten uns nicht ergeben und uns lieber niedermachen lassen, denn hier droht uns ja gewisser Tod. Mein Gott! Dieses ist ja die wahre Hölle!" Diese Plymouth Jungens waren meistens junge Leute, den besten Familien von New York und den New England Staaten angehörend. Sie hatten Garnisonsdienst längs der Küste geleistet, Besuche und Leckerbissen von Angehörigen erhalten. Sie waren nicht an die Strapazen gewöhnt, wie die Soldaten, welche längere Zeit im Felde gestanden, lange Märsche gemacht und obdachlos auf der kalten, nassen Erde geschlafen hatten. Sie hatten ihre drei Jahre ausgedient, sich wieder anwerben lassen und ihre Veteranen-Bounty erhalten, und in Folge dessen fünfzig Tausend Dollars mit in's Gefängniß gebracht. Dieses Geld begann bald zu circuliren; hohe Preise bezahlten sie für Grundraum, da sie so nahe bei einander zu bleiben suchten wie möglich, und auf diese Weise sich besser gegen die Plünderungen der Raiders schützen konnten, welche jetzt nächtliche Raub- und Mordzüge veranstalteten. Gegen eine Entschädigung zogen die alten Gefangenen nach einem anderen Fleck Erde; das so erhaltene Geld wurde gegen consöberirtes umgewechselt und in der Marketenderbude „angelegt." Auf diese Weise entstanden eine ganze Anzahl von Läden und machten glänzende Geschäfte. Wer Geld hatte, konnte kaufen, wer keins hatte, konnte die guten Sachen ansehen und sich dieselben wünschen.

Alle möglichen Spiele und Confidenzschwindeleien wurden in Scene gesetzt. Die Plymouth Jungens hatten Messer, Uhren und Geräthschaften mitgebracht. Diese fanden sehr bald Verwendung, und Metallarbeiter, Holz- und Beinschnitzer waren emsig damit beschäftigt, allerlei Sachen herzustellen, welche unter den Rebellensoldaten willige Käufer fanden. Die Hauptstraße war auf beiden Seiten von diesen Häublern besetzt. „Macht war Gesetz, und Niemand übte Autorität." Die „Raiders" nahmen an Zahl zu, weil sich die schlechtgesinnten ihnen anschlossen. Es bestand eine Organisation unter ihnen; sie waren in Banden eingetheilt, welche unter der Führerschaft eines erfahrenen Diebes oder „Piraten" standen, und nach dem Namen ihrer Führer: „Curtis Raiders," „Delaney Raiders," „Collins Raiders" u.s.w. genannt—etwa sechs oder acht Banden im Ganzen. Ihr Hauptanführer hieß William Collins. Während die „Raiders" fett wurden, erlitten manche der Insassen des Gefängnisses den Hungertod.

Drittes Kapitel.

Eisenbahn-Ladungen von Gefangene kommen an. — Acht Tausend krank. — Rationen in Quantität kleiner und Qualität schlechter. — Howell Cobb spornt die Wächter an die Gefangenen zu ermorden. — Gefangene werden aufgefordert den Rebellen beizutreten. — Einige machen den Schwur. — Welschkorn-Brod-Früchten-Kuchen. — Schrecken der Nacht. — Der Todt vollführt eiligst seine Arbeit. — Diebe und Räuber. — Das arretiren und aufhängen von sechs „Raiders."— Wirz in Furcht, er befehlt die Artillerie die Umzäunung mit Traubenschuß und Kartätschen zu beschießen. — Wir verlieren unsere Welschkorn-Ernte. — So wie sich unsere Zahl vergrößert so verkleinern sich unsere Rationen. — Winder prahlt daß er mehr „Yanks" abschlachtet als zwanzig von Lee's Regimente. — Sein Befehl die Gefangenen zu ermorden. — Winder wird, durch seine Brutalität an den Gefangenen, von Jeff. Davis erhöht. — Jeff. Davis verantwortlich für die lüsterne Zerstreuung der Leben in den südlichen Gefängnissen.

Längs der ganzen Linie unserer vorrückenden Armee fanden desperate Schlachten statt und eine große Anzahl Gefangener wurde eingebracht, und dieselben kamen zu jeder Stunde, bei Tag oder bei Nacht. Wir dachten unser Gefängniß war überfüllt als es zehn Tausend Insassen zählte, und jetzt enthält es deren achtzehn Tausend. Die Plätze zwischen den Hütten und Zelten waren gepackt voll. Wenigstens acht Tausend von uns waren krank oder litten an Skorbut. Die Rationen waren sowohl in Quantität wie in Qualität schlechter geworden, und die letzten Wurzeln der Baumstumpen ausgegraben und als Brennmaterial verwandt worden. Erde wurde von den höher gelegenen Plätzen nach den niedriger gelegenen geschaft, und der so gewon-

nene Grund bis dicht zum Rande des Sumpfes „bewohnt." Das
Netz wurde fester um uns gezogen, denn die Rebellen waren jetzt
dabei eine andere Palisadenwand aufzuführen, einhundert und
zwanzig Fuß von der inneren Wand entfernt. Mehr Artillerie
wurde herangezogen und die Strafe auf Fluchtversuche verschärft.
Das 26. Alabama- und das 55. Georgia-Regiment waren gegen
Sherman geschickt, und ihr Platz von acht bis zehn Tausend
Georgia-Reserven eingenommen worden. Diese waren zum größten
Theil unerfahrene Jünglinge, niemals von zu Hause weggewesen
und kannten von Krieg nur das, was sie aus den feurigen Reden
der Rebellenführer erfahren hatten, nach welchen wir verrufenes
Diebs- und Raubgesindel waren, welche den schlimmsten Tod
verdienten und die umzubringen, nur der Welt von Nutzen sein
konnte. Sie traten ihren Dienst an, und unter dem geringsten
Vorwande schossen sie Gefangene nieder. Die Morde an der
„Grenzlinie" waren ein so gewöhnliches Ereigniß, daß denselben
fast gar keine Aufmerksamkeit mehr geschenkt wurde. Endlich
wurden auch sie dieses grausamen Spieles müde; der schreckliche
Gestank des Gefängnisses machte sie krank, sie verlangten nach der
Heimath und eine Anzahl desertirte. Kapitän Wirz telegraphirte
an Howell Cobb in Macon und verlangte mehr Leute als Wachen.
Cobb's Mannschaften standen in Atlanta gegen Sherman im
Felde. Cobb kam in Person und wurde von den Conföderirten
umringt. Unter einem schattigen Baum stehend, auf einer Anhöhe
unweit des Gefängnisses, hielt er eine feurige Anrede, welche circa
eine halbe Stunde dauerte; er fragte sie, ob sie diese Horde von
Söldlingen Lincoln's auf die geheiligte Erde Georgia's loslassen
wollten? Diese Mörderbande, die den Tod von so manchem ihrer

Väter und Brüder auf dem Gewissen hätten? „Haltet sie, wo sie sind und Ihr leistet Eurem blutenden Vaterlande einen großen Dienst," rief er aus, „Laßt sie los, und wie lange werden Euer Eigenthum und Eure Mütter und Schwester sicher sein?" Er bat sie ihre Pflicht zu thun, und ihren Offizieren und dem Gefängnißkommandanten unbedingten Gehorsam zu schenken. Die Morde längs der „Grenzlinie" nahmen in schreckenerregender Weise zu. Das Gefängniß war übervoll und es war unmöglich der „Grenzlinie" fernzubleiben. Hunderte waren wahnsinnig, und trotz all unserer Wachsamkeit geriethen viele derselben an die „Grenzlinie" und mancher Mann, der seine Geistesfähigkeiten besaß, überschritt dieselbe mit gekreuzten Armen, um seinem Elend ein Ende zu machen. Fast immer wurde noch Jemand anders verwundet oder getödtet, wenn die Wachen auf diese Leute schossen, indem die Kugel in der Regel durch den zum Skelett abgemagerten Körper drang. Die Zahl der auf diese Weise Getödteten ist keine geringe, und wir waren hier stets in größerer Gefahr erschossen zu werden als Soldaten im Felde.

Fast jeden Tag wurden die Handwerker unter uns aufgefordert, den „Eid der Nichtkämpfenden" zu leisten und in den Werkstätten der Rebellen zu arbeiten. Dieser Eid forderte: Niemals Waffen gegen die Conföderirten Staaten von Amerika zu tragen, weder direkt noch indirekt an irgendwelchen militärischen Unternehmungen gegen dieselben theilzunehmen und verpflichtete uns an solchen Plätzen zu arbeiten, wie von dieser Regierung verlangt werden sollte. Dieses war gleichbedeutend mit, wenn nicht noch schlimmer als Eintritt in die Rebellenarmee, weil wir alsdann die Stellen von Männer einnahmen, welche jetzt die Arbeiten verrichteten, und die alsdann eingezogen würden. Einige „Raiders" waren die Einzigen, welche auf diesen Köder anbissen, der Rest zog es vor, die alte Flagge zu ehren, für deren Rettung sie schon so viel geopfert hatten.

Wirz theilte jetzt Welschkornbrod an die Hälfte der Gefangenen aus, welches in einem neuerrichteten großen Kochhause gebacken wurde. Hier befand sich ein großer langer Kasten, an dessen Boden und Seiten gesäuerter Teig in Klumpen hing, über welchen Millionen von Fliegen schwärmten; eine Wagenladung Mehl wurde in diesen Kasten gefüllt, Fliegen und Mücken darin begrabend, dann wurde Wasser aus dem Bache darauf geschüttet, das Ganze mit langen Stäben umgerührt und dann in große Pfannen geschaufelt. Nachdem diese Masse gebacken war, wurde sie in das Gefängniß geschafft, und Jedem auf der nördlichen Seite des Baches sein Stück von der Größe eines halben Backstein gegeben. Den nächsten Tag erhielten diese trockenes Mehl, und die auf der südlichen Seite gebackenes Brod, und so ging es abwechslungsweise weiter. Das Brod bestand aus gelbem Mehl und hatte das Aussehen von Fruchtkuchen, die Fliegen versahen die Stelle der Rosinen u. s. w. Fast alle der älteren Gefangenen litten jetzt am Skorbut, das Zahnfleisch wurde schwarz, schwoll an und bauschte die Backen auf, die Zähne wurden los und fielen aus, wurden aufgesammelt und wieder an ihren Platz gebracht in der vergeblichen Hoffnung, sie zu retten. Der Patient siechte dahin und starb. Bei Anderen wurden die Glieder schwarz und schwollen an, dann kamen schwarze, wässerige Geschwüre, Blutvergiftung und Brand traten hinzu, und nach kurzer Zeit erlöste der Tod den Armen. Das Gefängniß war jetzt eine Hölle; schlimmer wie Dante sie in seinem Inferno beschreibt. Man konnte hier einen beten, dort einen ächzen hören und dazwischen das Gelächter der Wahnsinnigen und den Fluch desjenigen, der der Hoffnung entsagt hatte. Es war schrecklich! Die Sonne schien heißer, die „Raiders" wurden frecher, die Wachen mordlustiger, der Grund schwärmte von Läusen. Wenn der Tag zu Ende ging und die Luft kühler wurde, versuchten wir zu schlafen und uns zeitweilig den uns umgebenden Schrecken zu entziehen, aber Millionen und aber Millionen Mosquitos kamen aus Sumpf und Wald herangezogen, um den letzten Blutstropfen aus unseren abgemagerten Körpern zu saugen. Ihr Gesumme und das Uhu der Eulen wurde nur von dem Knall der Flinten der mörderischen Wachen und den Stundenruf derselben übertönt. Ich habe auf dem Schlachtfelde in den stillen Stunden der Nacht gelegen, umgeben von Todten und Sterbenden; ich habe das Stöhnen und jammervolle Geschrei der Verwundeten gehört, aber es war Nichts im Vergleiche mit dem, was ich hier sah und hörte, und wird Niemanden aus dem Gedächtnisse schwinden, der es mit erlebte.

Wir schmiedeten Pläne, um unterirdische Gänge zu graben, die innere Wand zu unterminiren, die Palisade, die Festung oder die Schießgruben zu erstürmen, um so zu entkommen; diese kamen aber nie zur Ausführung, weil Verräther unter uns waren und die Anführer wurden gefoltert. Rettung schien keine vorhanden zu sein, wir mußten in diesem lebenden Grabe verfaulen. Ueber die Hälfte der alten Gefangenen war todt, und fast alle der Ueberlebenden litten an Skorbut und Brand. Die Todtenkarren fuhren jetzt täglich an Hundert nach dem Sandfelde. Eine Art Hospital befand sich außerhalb des Gefängnisses, dessen Insassen starben aber fast alle, vergiftet von dem abscheulichen Gestank, welchen sie innerhalb des Gefängnisses eingeathmet hatten. Wer nicht da war, kann sich auch nur annähernd einen Begriff von dieser Hölle auf Erden machen. Es befanden sich jetzt dreißig Tausend junge Männer da — junge Männer, die gesund und kräftig waren, als sie unter die Fahne traten und jetzt? Sage Dreißig Tausend junge Männer! Mehr wie man in manchen Staaten finden konnte — auf zwölf Acker eingepfercht, dem Verhungern nahe und seit Monaten mit jedem Athemzuge Gift einathmend.

Die „Raiders" waren frecher geworden. Es war nichts Ungewöhnliches mehr des Morgens Todte mit durchgeschnittenem Halse oder eingeschlagenem Schädel zu finden. Die erwähnten kleinen Händler waren in der Regel die Opfer. Um diese Zeit (Anfangs Juli) wurden die „Raiders" so frech, daß sie am hellen Tage in Banden zusammengerottet Räubereien ausübten. Vertheidigte einer seine Waaren, so wurde er niedergeschlagen. Die Rebellen thaten Nichts, um diesem Unwesen ein Ziel zu setzen. Etwas mußte gethan werden, und eine „Regulatoren-Force" heimlich ins Leben gerufen. Dieses war schwierig, weil sie überall Verbündete hatten und erfuhren durch Spione, daß ein Versuch gemacht werden würde, ihre Leiter zu arretiren. Am 3. Juli 1864, Morgens kam es zur Schlacht zwischen den „Regulatoren" und den „Raiders;" Hütten wurden niedergerissen, Stöcke und Stangen als Waffen benutzt. Einige Tage dauerte die Schlacht, die „Raiders" wurden schließlich überwältigt und über Hundert arretirt. Ein Gerichtshof wurde organisirt, und sechs der Anführer zum Tode durch den Strang verurtheilt. Am 12. Juli

wurde ein Galgen in der Nähe des südlichen Thors errichtet, und
die sechs Delinquenten auf einen Schlag gehängt. Bei Collins,
oder „Mosby," wie wir ihn nannten, zerriß der Strick und er
fiel auf die Erde; Blut drang ihm aus Nase, Mund und Ohren,
er bat flehentlichst, ihm sein Leben zu schenken, aber Gnade wurde
ihm nicht zu Theil. Der Strick wurde auf's Neue an dem Balken
befestigt, und in wenigen Minuten war er todt. Ungefähr zwanzig Tausend Gefangene besichtigten die Leichname.*) Es war
bekannt geworden, daß wir einige unserer eigenen Leute hängen
wollten und eine große Anzahl Bürger, Männer, Weiber und Kinder hatten sich auf einer Anhöhe zwischen dem Hauptfort und dem
Gefängnisse, in der direkten Schußlinie der Kanonen, welche das
Gefängniß bestrichen, eingefunden, um das Schauspiel zu sehen.
Capitän Wirz befand sich in ungeheurer Aufregung und befürchtete wohl, daß wir einen Handstreich auszuführen gedachten. Die
ganze Garnison stand unter Waffen, die Kanonen sämmtlicher
Festungen waren mit Kartätschen geladen und auf das Gefängniß
gerichtet. Während Vater Hamilton, der Priester, ein Gebet las,
entsprang Curtis (einer der Verurtheilten) seinen Wächtern und
suchte sich einen Weg durch die Menge zu bahnen. Die „Regulatoren" ergriffen ihn, aber dieser Umstand rief eine Bewegung hervor, von welcher Capitän Wirz befürchtete, sie sei geplant und das

---

*) McElroy's Geschichte von Andersonville (der ich Daten und Ci-
tate entnommen habe) enthält die besten Angaben über das Hängen der
„Raiders" und unser Gefängnißleben, welche mir zu Gesichte gekommen sind. Sie ist wahrheitsgetreu und sollte von jedem wahren Patrioten gelesen werden. Zu beziehen durch die Toledo Blade Publish-
ing Company.

Die Hinrichtung der sechs „Raiders."

Signal zu einem allgemeinen Handstreich und schrie: „Feuert! Feuert! schießt!" Der Capitän der Batterie war glücklicher Weise ein kaltblütiger Mann, und leistete dem Befehl nicht Folge; die Bürger aber wurden von einer wahren Panik ergriffen und Viele derselben erlitten nicht unbedeutende Verletzungen. Hätte der Capitän diesem Befehle Folge geleistet, so hätten vierundvierzig mit Kartätschen geladenen Kanonen ihre Schlünde auf die Menschenmasse im Gefängnisse eröffnet. Fünfunddreißig Tausend Menschenleben hingen an der Lunte dieser Signalkanone. Nach der Hinrichtung der „Raiders" wurde die Organisation der „Regulatoren" verbessert, ein Polizeirichter und reguläre Polizisten ernannt, und Gesetz und Ordnung herrschten.

Jeder Zoll breit Grund war jetzt besetzt, trotzdem wurden noch immer mehr hineingeschafft. Jeden Morgen lagen nackte Leichen in den Gängen zwischen den Hütten und Erdlöchern. So bald einer starb, wurden ihm seine Lumpen von einem nackten Lebenden abgezogen. Die Leiche wurde dann nach dem südlichen Thore geschafft um von dem Todtenwagen weiter befördert zu werden. Waren Name, Compagnie und Regiment bekannt, so wurden sie dem Todtenregistrar mitgetheilt, von diesem in das betreffende Buch eingetragen und der Eintrag numerirt, dieselbe Nummer wurde auf den Leichnam gezeichnet. Hierdurch waren die Todtengräber (unsere eigenen Leute) in den Stand gesetzt, den Ruheplatz einer jeden Leiche, durch in den Grund gesteckte Pflöcke, zu bezeichnen. Das Hinaustragen der Leichen vermittelte einen Umtausch von Gegenständen, indem allerlei Sachen, welche ihren Weg in das Gefängniß gefunden hatten, wie Messingknöpfe mit dem Adler, von den jungen, unwissenden Georgiern, welche in dem amerikanischen Adler nicht das Zeichen der Freiheit sahen, hochgeschätzt wurden. Diese fanden sich bei der Gefängnißpforte ein, mit Holzscheiten, Tabacksrollen oder einem Kuhhorn voll weicher Seife, bereit diese Gegenstände gegen andere umzutauschen. — Wir hatten gerade einen Todten hinausgetragen, von einem anderen Paar lebender Skelette gefolgt, die ein todtes Skelett hinaustrugen, welches etwa sechszig Pfund wog. Schlotternd geht es auf den Leichenhaufen zu; der Leichnam wird demselben hinzugefügt und vollständig erschöpft setzen sich die Träger, um auszuruhen. Die jungen Georgier kommen sofort heran, die gegenseitigen Waaren werden geschätzt. Ein schöner Ring mit zwei Herzen geht für das Kuhhorn voll weicher Seife dahin, ein Holzscheit wird gegen einen Knochenring ausgetauscht, welcher eine ganze Woche mühseliger Arbeit in Anspruch nahm. Ein Junge will einige „Knöpfe mit den Hühnern darauf," und zwei davon sichern eine Tabacksrolle. Kaum ist der Handel fertig, so ruft die Wache: „Marsch, hinein! Zu viele von Euch können nicht auf ein Mal draußen sein." Selten waren mehr als sechs oder acht zu ein und derselben Zeit außerhalb der Pforte.

Eines Tages fiel ein Gefangener, Namens John L. Ransom, vor lauter Erschöpfung in Ohnmacht, als er sich außerhalb der Pforte befand. Da er nicht bald wieder zur Besinnung kam, hielten ihn die Rebellen für todt und warfen ihn auf den Leichenhaufen. Nachdem er hier einige Zeit in der krassen Sommerhitze gelegen hatte, kam er wieder zu sich, richtete sich auf und rief: „Um Gotteswillen, gebt mir ein wenig Wasser!" Einer der Offiziere sah ihn höchst verwundert an und sagte: „Sieh hier, „Yank," wenn Du noch nicht todt bist, dann mache dich auf die Socken, um da drinnen zu sterben und das schnell!" (John lebt noch heute, und ist der Verfasser des Andersonville Tagebuches.) Ich hege nicht den geringsten Zweifel, daß Leute beerdigt worden sind, welche noch nicht todt waren.

Ab und zu erhielten die Rebellensoldaten, natürlich gegen eine Entschädigung seitens der Gefangenen, die Erlaubniß, einige derselben nach dem Walde zu führen, um Brennholz zu holen, was von nicht geringem Vortheil für uns war. Dieses Privilegium hörte aber auf als einige Gefangene die Wachen entwaffneten, sie an Bäume festbanden und dann entflohen. Bei diesen Gelegenheiten füllten wir unsere Mägen mit Blättern und Kräutern, um etwas Grünes zu genießen. Wir hatten ein unüberwindliches Verlangen nach Zwiebeln, Kartoffeln, Fleisch und Salz, welche wir seit Monaten nicht gekostet hatten; alles Grüne wurde heißhungrig verschlungen. Meine Meßkameraden hatten eine grüne Welschkornstaude, ungefähr kniehoch, welche wie Gold gehütet wurde. Ein Wahnsinniger riß sie eines Tages auf, rann in den Haufen hinein, dabei in einem fort essend, und auf diese Weise ging unsere ganze Ernte verloren.

Immer mehr wurden wir zusammengepfercht, die Rationen kleiner, das Wasser schlechter, während die Sonne mit tropischer Hitze auf uns niederbrannte, von welcher besonders die zarthäutigen Blonden litten. Die große Hitze reduzirte das Wasser in dem Bache; wir gruben Brunnen, aber diese wurden schnell unbrauchbar, weil sich überall Löcher befanden, in denen wir unsere Nothdurft verrichteten; kam ein Regen, so füllten sich die Löcher, liefen über und ihr Inhalt in unsere Brunnen. Der menschliche Unrath hatte sich so angehäuft, daß das Wasser sich in dem Bache staute, wodurch es zurückfloß und sogar die niedrigen Stellen überschwemmte, die darauf seßhaften Gefangenen forttreibend.

Um diese Zeit erhielt John H. Winder folgende Depesche vom Kriegsministerium der Rebellen: „Haben Sie Platz für mehr Gefangene?" Winder's Antwort lautete: „Ja, sendet sie. Wir thun hier mehr für die Sache der Conföderation, als zwanzig der besten Regimenter Lee's an der Front." Sherman schickte eine große Cavallerie-Force aus, um uns zu befreien; sobald Winder dies hörte, ertheilte er dem Commandanten der Artillerie den Befehl sich parat zu halten, und sobald die Yankee-Cavallerie auf sieben Meilen dem Gefängniß nahe kommen sollte, Feuer auf die Gefangenen zu eröffnen und damit fortzufahren, so lange noch einer derselben am Leben war. Unsere Cavallerie wurde jedoch geschlagen, ein Theil derselben gefangen genommen und zu uns in's Gefängniß gebracht.

Oberst C. S. Chandler wurde von Jefferson Davis abgeschickt, das Andersonville-Gefängniß zu inspiziren. Er erfüllte seine Pflichten gewissenhaft und sagte in seinem Bericht an Davis: „Ich lenkte die Aufmerksamkeit von Capitän Wirz und General Winder auf die schreckliche Mortalität, welche natürlicherweise auf die Ueberfüllung und den im Innern des Gefängnisses herrschenden Schmutz folgen mußte und zeigte ihnen, wie diesen Uebelständen abzuhelfen sei. Ich empfahl ebenfalls einen Diätwechsel von Welschkornmehl auf Vegetabilien, deren es in Masse in der Umgebung gibt." Hierauf erwiederte Winder: „Die bestehende Anordnung ist gut genug, da es die gewünschte Wirkung hat und wenn in Ruhe gelassen, wird es die Reihen der Gefangenen bald so lichten, daß genügend Raum da sein wird."

Oberst Chandler eilte nach Richmond, erstattete Bericht und empfahl einen sofortigen Wechsel der Gefängniß-Beamten. Das Resultat war, daß Jefferson Davis John H. Winder zum Oberbefehlshaber aller Gefängnisse der Conföderation erhob. Wer kann oder mag behaupten, angesichts dieser Thatsachen, daß Jefferson Davis kein Mörderer ist? Wem, außer ihn, kann eine solche Last von Mord und Brutalität aufgebürdet werden? Daß Tausende von Morde, begangen an hülflosen Kriegsgefangenen der Conföderirten, mit seinem Wissen und seiner Billigung stattfanden, darüber ist nicht der geringste Zweifel vorhanden, denn die Archiven der Conföderation selbst liefern den Beweis hierfür, wie auch die vierzehn Tausend Gräber zu Andersonville, jene schreckliche Ernte des Todes von zwölf Acker Landes und in einem Zeitraume von weniger als einem Jahre — nahezu vier Tausend dieser Anzahl in einem einzigen Monat.

Viertes Kapitel.

Die Zeit vergeht langsam.—Zeitvertreib.—Das „Wettrennen."—Die Palisade (Umzäunung) wird vergrößert. Nur siebenzehn Hundert zu dem Acker. —Eine vortheilhafte Ueberschwemmung.—Todes-Acker.— Zwei Wächter verlauteten ihre Meinungen.—Die wunderbare Quelle. Hartherzigkeit der Kirchenleute.—Vater Hamilton ein wahrer Christ. —Wieder ein Versprechen zur Auslieferung welche aber als ein Kniff gebraucht wurde um uns nach Charleston, S. C., zu bringen.—Ich entkomme auf dem Zuge, aber kehre wieder freiwillig zurück. — Bessere Rationen und weichherzige Leute in Charleston. — Eine südländische Dame wird arretirt weil Sie den „Yanks" einen Korb voll Brod gegeben hatte.—Barmherzige Schwestern.—Nach Florence, S.C., gebracht. — Die zweite Auflage von „schlimmer als Hölle auf Erden."—Zwölf tausend Mann auf sieben Acker. — Das „Hospital."— „Flanking" für Rationen.—Barret der Teufel. — Wir verhungern. — Wir essen rohen Reis. — Die schrecklichen Folgen. — Zu Tode gepeitscht. — Der brutale Mensch lebt zu Atlanta, Ga.—Wahnsinn.—Hände und Füße fallen von lebende Skelette. —John W. January und Andere amputiren ihre eigenen Füße.—Ungefähr dreitausend treten bei den Conförderirten ein.—Ausdrücke fehlen um die schrecklichen Ereignisse dieser furchtbaren Gefängnisse zu beschreiben.

Die Zeit floß langsam dahin, die Sonne schien heißer denn je und unsere Leiden vermehrten sich. Alle Geschichten waren erzählt und wiederholt. Jedes Stückchen Lesestoff war längst zerrissen, und nur noch einige Karten und Schachspiele in brauchbarem Zustande. Läuse-Rennen bereitet einigen Zeitvertreib; ein Weg um die „Graybacks" zum Laufen zu bringen, bestand darin, daß man einen Blechteller oder eine Wasserflasche so lange in das Freie legte bis derselbe völlig heiß wurde, dann wurden die Renner darauf gesetzt, und Wetten dahin gemacht, welche zuerst von dem Gefäße ablaufen würde. Eine Tagesration diente häufig als Einsatz und das Interesse an diesen Rennen war ebenso groß, als ob Tausende von Dollars auf dem Spiele standen, jedenfalls hing davon entweder eine Schmauserei oder eine Hungersnoth ab. Eine Anzahl kühl gekleidete Herren stehen herum und machen Seitenwetten, oder auch offeriren sie Wetten, daß sie eine Laus besitzen, welche alle Anderen übertrifft. Der Teller ist bereit, die Renner werden darüber gehalten und auf ein gegebenes Signal fallen gelassen, welche sofort einen kühleren Platz zu finden bestrebt sind; einer derselben nähert sich schnell dem Rande, nimmt dann plötzlich eine andere Richtung. Sein Herr beschuldigt seinen Gegner mit: „Sie haben meine Laus angeblasen!" Ein Streit entsteht, woran vielleicht ein Dutzend theilnimmt, einige gebissene Finger und eingedrückte Erdlöcher sind das Resultat. Das Rennen war mißlungen und die Renner im Sand entsprungen.

Männer in unserer Lage waren äußerst empfindlich und die besten Freunde geriethen über die nichtigsten Dinge in Streit. Beleidigende Worte wurden ausgestoßen; sie stehen auf, um zu kämpfen, einer versucht seinem Gegner einen Stoß zu versetzen, verfehlt sein Ziel und fällt zur Erde, welchem Beispiele der Andere folgt, da er nicht kräftig genug ist, sich auf den Füßen zu erhalten, indem er dem Stoße auswich. Hiermit enden die Feindseligkeiten, denn beide sind zu sehr erschöpft, um an eine Fortsetzung derselben zu denken.

Fünfunddreißig Tausend Insassen waren jetzt in dem Gefängnisse! Niemals zuvor waren so viele Menschen auf solch' kleinen und schmutzigen Raum zusammengepfercht worden. Ein Anbau wurde jetzt an das Nordende gemacht, das Fällen der Bäume und der Singsang der Sklaven, welche diese Arbeit verrichteten, tönte zu uns herüber. Mitte Juli wurden die Wachen von der Nordwand entfernt, Oeffnungen in dieselbe gemacht und die Gefangenen, welche den Grund in der Nähe des Sumpfes innehatten, nach dem neuen Anbau beordert.

Der Auszug begann, aber welch' ein Anblick! Ihre eigenen Mütter und Frauen hätten sie nicht erkannt. Einige hatten sämmtliche Zähne, Haare, Augenbrauen und Barthaare verloren, andere waren eine Masse von wimmelnden Würmern, und wiederum andere litten an Brand und Nägelgeschwüren an Fingern und Zehen. Diejenigen, die noch Gehen können, helfen ihren Kameraden entlang — alle aber beseelt von der Hoffnung, daß es ihnen doch noch vielleicht vergönnt ist, die alte Fahne und die Lieben in der Heimath wiederzusehen.

Der Anbau vergrößerte das Gefängniß auf zwanzig Acker, gab den Gefangenen bedeutend mehr Raum, aber trotzdem befanden sich siebzehn Hundert auf den Acker.

Mit welcher Freude wir den reinen Boden betraten, läßt sich kaum denken; jedes grüne Blatt und Kraut wurde gepflückt und heißhungrig verzehrt, Holzabfälle und Stumpen zusammengesucht und für die Zukunft aufgespeichert. Zu all' diesen Wohlthaten erhielten wir auch noch Nachricht von Sherman's Operationen durch neuankommende Gefangene.

Anfangs August fiel ein schwerer Regen; es kam in Strömen herunter und der kleine Bach schwoll so an, daß er die Palisadenwand durchbrach. Diese Oeffnung wurde in kurzer Zeit von einer starken Force bewacht. Die Fluth reinigte das Gefängniß und den Sumpf gründlich. Unsere Polizeimacht erhielt die Erlaubniß Mannschaften auszuschicken um Holz herbeizuholen, woraus ein Kasten von fast der ganzen Länge des Baches durch das Gefängniß gezimmert wurde. Durch diesen Kasten lief das Wasser mit nicht geringer Gewalt, und alle, welche im Stande waren, dahin zu gelangen mußten denselben als Abtritt benutzen, viele jedoch konnten es nicht, weil sie am Skorbut darniederlagen und ihre nächsten Kameraden durch den Tod verloren hatten. Um Wasser zu erhalten, krochen diese Unglücklichen nach einem niedrigen, schmutzigen Stück Land in der Nähe des Sumpfes, welches den Namen „Todesacker" führte, weil man hier mehr Todte und Sterbende sehen konnte als in irgend einem andern Theile des Gefängnisses. Von fünfzig bis Hundert solcher Jammergestalten befanden sich immer hier, sich in ihrem eigenen Koth wälzend, viele davon wahnsinnig oder dem Wahnsinn nahe. Der Gestank hier war so unerträglich, daß wir, wenn wir ihnen Wasser brachten, nach kurzer Zeit, trotz ihres jammervollen Flehens, sie im Stiche lassen und ihrem Schicksale preisgeben mußten. Dieses war der Tod! Wir hatten genug kranke Kameraden, welche unserer Hülfe bedürftig waren, und konnten diese nicht auf Kosten jener vernachlässigen.

Einer der Wachen bemerkte wie ein anderer seine Augen auf den Todesacker gerichtet hielt und sagte: „Das ist die Hölle, nicht wahr, James? Glaubst Du nicht, daß die daheim geblieben wären, wenn sie gewußt hätten daß ihnen ein solches bevorstand? Wer von denen da 'raus kommt, wird Verstand genug haben daheim zu bleiben, und die Anderen im Norden davon abhalten gegen uns zu Felde zu ziehen, wenn Die erfahren was ihnen bevorsteht. Der alte Winder weiß was er thut, darauf kannst Du Gift nehmen." "Du hast recht." antwortete James, "aber die Kranken sollten von Rechtswegen nach besseren Plätzen geschafft werden, und die Leute hier herum würden ihnen Kartoffeln und andere Sachen geben und Viele würden wieder gesund werden; ich könnte keinen Hund so behandeln." "Ich könnte einen Hund ebensowenig so behandeln, aber die Kerle da sind nicht halb so gut wie die Hunde; hörtest Du nicht, wie General Cobb sagte, als er hier war, sie wären Diebsgesindel, welche für den alten Neger Lincoln föchten? Verdammt sei jeder Lump, der für einen Neger kämpft, er soll bei lebendigem Leibe verfaulen. Bei Atlanta haben sie meinen Bruder getödtet, und es nimmt eine ganze Masse von diesen Lumpenkerls um für ihn zu bezahlen und ich werde von ihnen so viele umbringen wie ich kann."

Eines Morgens um die Mitte des Monats August bemerkten wir wie ein langer, äußerst magerer Gefangener eiligst nach seiner Höhle lief und seinen Kameraden zurief: "Schnell, reiche mir unseren Eimer! (Der Eimer war aus einem Stiefelschaft hergestellt.) Eine Quelle prachtvollen Wassers ist nahe der "Grenzlinie" auf der nördlichen Seite gesprungen, dieselbe ist von einer großen Menge umgeben, ich glaube aber etwas von dem Wasser erhaschen zu können!"

Wir folgten ihm. Richtig, da sprudelte das r e i n e, f r i s c h e W a s s e r aus der Erde hervor. Einige der Gefangenen hatten Becher und Kannen an lange Stöcke gebunden und schöpften damit das so lang entbehrte köstliche Naß auf und reichten dieses Labsal den Umstehenden. Der Andrang der Gefangenen war so groß, einige wurden unversehens über die „Grenzlinie" gedrängt und—erschossen. Endlich kam unser Polizeichef und führte Ordnung ein. Durch eine Rinne wurde die Quelle innerhalb der „Grenzlinie" geleitet und die Wasserholer mußten sich in Reih und Glied aufstellen und warten bis der Vordermann sein Wasser hatte.

Kurze Zeit hierauf entsprangen noch mehrere Quellen an verschiedenen Stellen des Gefängnisses und der Gesundheitszustand desselben besserte sich merklich; diejenigen aber, die schon von dem abscheulichen Stoff, welchen wir bisher hatten trinken müssen, vergiftet waren, starben dahin wie die Fliegen. „Die verschiedenen kirchlichen Sekten, mit Ausnahme eines einzigen katholischen Pfarrers (Vater Hamilton), ignorirten uns so vollständig, als ob wir Schlachtvieh gewesen wären." Vater Hamilton war meines Wissens der einzige Pfarrer, der je das Gefängniß von Andersonville betrat, er war ein wahrer Christ, und behandelte Katholiken und Protestanten mit gleicher Freundlichkeit. Die Freimaurer unter den Rebellen halfen ihren Ordensbrüdern unter den Gefangenen durch Geschenke von Medizinen, Nahrungsmitteln, Schreib- und Lesematerial und in anderer Weise, nur den Eingeweihten bekannt. Ich war weder ein Katholik noch ein Freimaurer, aber ich bin bereit alles zu erwähnen, was gethan wurde um das Elend und die Schrecken dieser Hölle zu mildern. Einige der conföderirten Aerzte waren gutherzige Leute und vergossen Thränen beim Anblick unseres Elends, sie waren aber machtlos eine Besserung unserer Lage hervorzurufen so lange Jefferson Davis und seine Assistenten Winder und Wirz das Kommando führten.

Nach dem Fall von Atlanta beschlossen die Rebellen einen Theil von uns fortzuschaffen, indem sie befürchten mochten, daß eine Expedition ausgerüstet werden könnte, welche unsere Befreiung zum Zwecke hatte. Die alte Auswechslungs-Lüge wurde wieder gebraucht, um uns vom Entfliehen während der Reise abzuhalten. Anfangs September erschien ein Rebellenoffizier in unserer Mitte, rief sämmtliche Sergeanten der Detachements zusammen und sagte: „Gefangene! Mir ist von General Winder der Auftrag gegeben worden euch mitzutheilen, daß eine allgemeine Auswechslung von Gefangenen vereinbart worden ist. Eure Schiffe erwarten Euch in Savannah und Charleston. Detachements eins bis zehn werden morgen früh abziehen." Diese Neuigkeit verbreitete sich in kurzer Zeit durch das ganze Gefängniß, einige weinten Freudenthränen, selbst die Krüppel belebte neue Hoffnung und freudig erregt war Jeder. Mancher, der seit Wochen keinen Versuch gemacht hatte, zu gehen, that es jetzt. Wir wurden in Frachtwagen geladen, die Thüren, worin eine Wache saß, offen gelassen. Alles hatte den Anschein als ob den Rebellen nichts daran lag, ob wir fortliefen oder nicht; gewiß, jetzt ging es nach Hause. Unser Zug ging nach Charleston, S. C., wie uns mitgetheilt worden war. Unsere Wache war eingeschlafen, die frische, balsamische Luft, welche vom Walde herüber weht, belebt mich derartig, daß ich mich stark genug fühle um gehen zu können; vielleicht führt man uns wiederum hinter's Licht; der Zug hält, um einen andern vorbeipassiren zu lassen.

Wir befinden uns auf einem Seitengeleise neben einer langen Platform, welche zum Verladen von Baumwollballen benutzt wird. Ich sehe mich um, die Wache schläft noch immer, ich nehme das Zündhütchen von seinem Gewehre und schlüpfe unter die Platform. Ich bin allein, der nächste Punkt, wo unsere Armee stationirt ist, ist über zwei Hundert Meilen entfernt, ich kann in meinem jetzigen Zustande keine fünf Meilen in einer Nacht zurücklegen; es kann ja sein daß es mit der Auswechslung seine Richtigkeit hat, und die Kameraden sind daheim oder bei ihren Regimentern, während ich mich krank und verlassen im Feindesland befinde. Ich höre das schrille Pfeifen einer Locomotive und das Rumpeln des Zuges auf welchem wir warten. Was soll ich thun, liegen bleiben oder mitgehen? Die Glocke unserer Locomotive läutet, ich krieche in den Zug zurück und habe es hundertmal späterhin verwünscht. Wir kamen in Charleston an und keine Auswechslung fand statt. Wir wurden in einen Gefängnißhof gesperrt, mehrere Tage lang darin gehalten und dann nach einem Rennplatz an der Stadtgrenze befördert. Der Boden hier war frisch und rein und unsere Rationen besser, die Leute waren gutherzig und hätten viel für unsere Bequemlichkeit gethan, wenn unsere Wächter es erlaubt hätten. Damen kamen mit Körben voll Brod und baten um die Erlaubniß es den Gefangenen geben zu dürfen; eine derselben warf Laib um Laib über die Linie bis ihr Korb leer war, weil man ihr Gesuch abgeschlagen hatte; sie wurde arretirt weil sie mit den Yankees sympathirte. Die Wohlthätigkeits-Schwestern kamen mit Kleidern und Medikamenten und baten im Namen der Nächstenliebe ihre Gaben vertheilen zu dürfen. Sie vertheilten was sie hatten und dann wurde ihnen bedeutet, den Conföderirten zu geben, was sie noch übrig hätten.

Circa ein Hundert unserer Kameraden wurden ausgesucht, um Schanzen auf Sullivan's Island aufzuwerfen. Die Batterien der Union richteten ihre Kanonen auf sie, mehrere wurden getödtet und viele verwundet, bevor sie es gewahr wurden, daß die Arbeiter Unions-Gefangene waren. Die Nichtgetödteten wurden dann zurückgebracht, während die Rebellen sich vor Lachen ausschütten wollten über den Streich, den sie den verhaßten „Yanks" gespielt hatten. Bis Mitte October verblieben wir in Charleston; während unserer Anwesenheit daselbst fanden viele Feuer statt, welche von den in die Stadt geworfenen Bomben unserer Batterien herrührten.

Wir wurden wieder auf einen Frachtzug gebracht und dieses Mal nach Florence, S. C., geschafft. Hier war wieder ein Palisadenbau, nur kleiner als der zu Andersonville. Die Wände waren circa sechszehn Fuß hoch und die Erde dagegen aufgethürmt bis beinahe zum Rande. Die Erde kam aus einen breiten und tiefen Graben, wodurch man das Graben von Tunnels zu vereiteln suchte. Die „Grenzlinie" war hier durch einen kleinen Graben bezeichnet, welcher aber nur theilweise herumlief. Der Rest der Linie war eben da, wie die Wache für Recht hielt, und da die Wachen darüber eine große Meinungsverschiedenheit hegten, verloren viele Gefangene ihr Leben. Ein kleiner Bach, das Gefängniß von Nord nach Süd in der Mitte durchschneidend, lieferte den Wasserbedarf. Ungefähr acht Tausend Gefangene waren da zur Zeit unserer Ankunft. Die Kronen und Abfälle der Bäume, aus welchen die Palisadenwände hergerichtet waren, hatte man liegen lassen. Aus diesen hatten die Gefangenen Hütten gemacht und Erdlöcher damit überdacht. Einige waren zu schwach und zu krank um irgend ein Obdach herzustellen, nur ein Loch, und mancher hatte nicht einmal so viel. Es passirte nicht selten, daß diese

Höhlen eingedrückt wurden, dann drohte dem Insassen der Erstickungstod. Geschah dieses zur Nachtzeit, so wurde ihrem Geschrei wenig Beachtung geschenkt, weil wir stets Hülferufe um uns ertönen hörten. Das Baumaterial war fort als wir ankamen und gebrauchten wir an dessen Stelle in der Sonne getrockneten Ziegeln. Die Regenzeit war vor der Thür und unsere Bauten standen nur bis zur nächsten Regenschauer. Sieben Acker Grund waren da und zwölf Tausend Mann denselben einzunehmen. Ich war der Sergeant vom 12. Tausend, wovon der größte Theil krank war und liegend gezählt werden mußten. Jeden Morgen waren Todte und Sterbende da und ich ließ von diesen so viele zählen wie nur möglich und ich im Stande war den Rebellensergeanten den Beweis zu liefern, daß sie ihre Rationen noch verzehren konnten. Bei mehr wie einer Gelegenheit wurden selbst Todte mitgezählt. Das Zählen fand Morgens statt, während die Rationen Nachmittags ausgetheilt wurden; hierdurch erhielt ich acht bis zehn Extra-Rationen, je nach der Zahl die in dem erwähnten Zeitraum starben, und für meine Arbeit als Sergeant eines Tausends erhielt ich eine Extra-Ration. Ich hatte genug zu essen und konnte noch meine weniger glücklichen Kameraden unterstützen. Unsere Polizei erhielt von dem Gefängniß-Kommandanten die Erlaubniß einige der Gefangenen in den Wald zu schicken und Material für den Bau eines Hospitals zu holen. Die nordwestliche Ecke wurde gesäubert, rohe Hütten und Verschläge daselbst errichtet und dieselben als „Hospital" bezeichnet. Die Kranken wurden dahin getragen und in zwei doppelte Reihen gelegt; jede doppelte Reihe bildete eine Abtheilung. Dieses Arrangement machte den Extra Rationen ein Ende und ich begann rasch magerer

„Die nordwestliche Ecke wurde gesäubert, rohe Hütten und Verschläge daselbst errichtet und dieselben als „Hospital" bezeichnet.

zu werden. Ich versuchte was wir mit "flanking" bezeichneten, was darin bestand, daß man sich in verschiedenen Tausenden mitzählen ließ. So bald ich in meinem eigenen Tausend gezählt war, gesellte ich mich einem anderen Tausend zu, welches noch nicht gezählt worden war, um noch einmal gezählt zu werden, auf diese Weise zwei Rationen erhaltend, oder vielmehr die Rebellen um eine Ration betrügend. Dieses Verfahren wurde so häufig zur Ausführung gebracht, bis schließlich der Gefängniß-Kommandant (Lieutenant Barrett vom 5. Georgia-Regiment) einen Mann dabei ertappte. Dem Delinquenten wurden seine Kleider abgezogen, derselbe dann über ein leeres Faß gebunden und von Barrett mit einer ledernen Peitsche (die „Cat" genannt) derartig bearbeitet, daß sein Rücken aus lauter Fetzen bestand. Der Mann starb bevor man seine Fesseln zu lösen im Stande war. Mit einem Fluche erklärte Barrett, daß er Jeden so behandeln werde, der einen ähnlichen Versuch wagen würde. Dann befahl er dem betreffenden Tausend sich in Reih und Glied zu stellen und ließ sie nach der Ostseite des kleinen Baches marschiren, um beim Rückmarsche zählen zu können. Sein Talent für Zählen war ein so schlechtes, daß er gründlich verwirrt war, ehe die Hälfte des ersten Tausends vorbei war und gab es für den Tag auf, erklärend, er werde es an einem anderen Tage versuchen. Barrett war der brutalste Narr, welcher mir je zu Gesichte gekommen ist. Auf die geringste Veranlassung hin gerieth er in eine solche Wuth, daß er auf Jeden in seiner Nähe auf das Entsetzlichste schimpfte, dazu mit seinen Füßen stampfend.

Um diese Zeit fand er etwas frische Erde in der Nähe des Baches und behauptete, wir grüben einen Tunnel und daß er denselben finden wollte, selbst wenn er uns Alle dem Hungertode Preis geben müßte. Er benachrichtigte uns, daß er Rationen austheilen werde, wenn wir die Gräber des Tunnels auslieferten, aber nicht eher. Dieser Tag ging dahin und keine Rationen wurden ausgetheilt; der Zweite kam und ging denselben Weg und die Leute starben wie die Fliegen. Die armen Burschen gingen zum Bach und tranken sich so voll wie sie konnten, um den nagenden Schmerz des Magens zu stillen, von welchem nur die eine Ahnung haben, die vier bis fünf Tage keinen Bissen zu sich genommen haben. Den dritten Tag erboten sich vier Kameraden freiwillig einen Tunnel zu graben und dieses anzuzeigen, um den feigen Narren zufrieden zu stellen, indem sie der Ansicht waren, daß es besser sei daß einige Wenige gestraft würden, als daß Alle Hungers stürben.

Diese braven Bursche bekannten, daß sie einen Tunnel angefangen hatten. Barrett ließ sie in Eisen legen und mit einem Fluche theilte er ihnen mit: „Morgen wird ein Tag sein, an welchem Ihr Euch meiner erinnern werdet." Dann wurden Rationen in Gestalt von zwei Drittel Pint rohen Reises für den Einzelnen ausgetheilt. Viele der Gefangenen aßen den Reis roh, wegen Mangel an Feuerungsmaterial und Kochgeschirr, viele konnten die harten Körner nicht zermalmen, weil ihre Zähne in Folge von Skorbut entweder lose oder auch ganz ausgefallen waren. Die Scene, die dann folgte, kann nicht beschrieben werden. Im Laufe von nur wenigen Stunden litten viele, welche ihren Reis roh verschlungen hatten, die entsetzlichsten Qualen der Kolik und nicht wenige starben. Barrett stand auf dem Rand des Thors und schaute diesem entsetzlichen Schauspiele mit Hohnlächein zu. „Ich will Euch lehren auf die Kerle zu passen, welche sich hier ausgraben wollen und mir solches in Zeit wissen zu lassen, oder ich werde jeden verdammten Hund von Euch verhungern lassen. Mit mir ist nicht zu spaßen, daß sollt Ihr bald erfahren." Diese Hungerkur war von schrecklichem Einfluß auf unsere geschwächten Constitutionen und forderte eine große Anzahl Opfer. Den nächsten Morgen ließ Barrett unsere Kameraden zur Folter für ein Vergehen bringen, an welchem sie unschuldig waren, nachdem er sich zuvor mit Schnapps vollgetrunken hatte. Ihre Hände wurden ihnen auf den Rücken gebunden und dann ein dünner Strick fest um jeden Daumen gebunden, der Strick über einen Balken geworfen, welcher auf zwei Hütten lag, welche von den Rebellen-Offizieren bewohnt wurden. Barrett und seine Assistenten zogen dann an dem Stricke, bis ihre Opfer nicht mehr den Boden berührten, wodurch die Muskeln der Arme und Schultern sich verdrehen, eine wahre Höllenpein verursachend. Die armen Burschen schrieen herzzerreißend und baten die Wachen sie zu erschießen, während Barrett fortwährend die scheußlichsten Flüche und Schimpfwörter auf sie niederregnen ließ. Nach Verlauf kurzer Zeit verloren drei die Besinnung, ihre Köpfe neigten sich schlaff nach vorwärts, während der Vierte seine Zähne fest aufeinander setzte; seine Muskeln zogen sich zusammen und sein Gesicht nahm einen grausenerregenden, starren Ausdruck an.

Nachdem Barrett befriedigt war, wurden die Männer heruntergelassen; der eine war todt, zwei erholten sich wieder, während der Vierte die Mundsperre hatte, welche seinen Tod am nächsten Tage zur Folge hatte. Die beiden die sich wieder erholten, wurden in das Gefängniß zurückgebracht und erhielten etwas Mehl,

„Barrett und seine Assistenten zogen dann an dem Stricke, bis ihre Opfer nicht mehr den Boden berührten."

die erste Nahrung seit vier Tagen. All dies ging vor sich unter den Augen John H. Winder's, dem Freunde und Rathgeber von Jeff. Davis. Barrett war ein niedriger, gemeiner und brutaler Wicht. Es gewährte ihm Vergnügen anwesend zu sein, wenn ein Sklave bei den Daumen aufgehängt und durchgepeitscht wurde und er setzte seinen Stolz darin, den Wachen zu zeigen, wie er die armen hilflosen und halbwahnsinnigen Gefangenen niederschlagen oder stoßen konnte, die so idiotisch waren, daß sie nicht verstanden und ihn anstarrten wenn er sie anredete. Die barbarischsten und brutalsten Grausamkeiten wurden von ihm an dieser Klasse von Gefangenen ausgeübt. Bis zum März verblieb Barrett in seiner Stellung als Kommandant des Gefängnisses, dann wurde die geringe Zahl, die seine Grausamkeiten überlebte, nach unseren Linien geschickt. Wir wußten nicht was aus Barrett geworden war, bis ein in Augusta, Ga., wohnender Kamerad in den Spalten der „National Tribune" mittheilte, daß er in dem Orte wohnte. Wie ein solcher Mordbube ungestraft blieb, ist mehr wie ich begreifen kann. Würde einer von uns, die mehr als den Tod durch seine Grausamkeit erduldeten, zufällig in seiner Nähe gerathen und er plötzlich von der Mundsperre ergriffen und sterben, so würde derjenige bis in den fernsten Winkel der Erde verfolgt und als Mörder gehängt werden. Ein großer Theil derjenigen, die sich seit Jahresfrist in Gefangenschaft befanden, war jetzt blödsinnig. Das Gedächtniß und die Sprache gingen ihnen verloren; sie wußten nicht, ob sie seit gestern oder seit sechs Jahren im Gefängniß waren und wußten nicht einmal ihren eigenen Namen. Sprach man zu ihnen, so kam ein stierer Blick in ihre Augen, als ob sie sich an etwas zu erinnern suchten,

welches außerhalb des Kreises ihres Gedächtnisses lag. Sie
wanderten ziellos umher, und ihre Kameraden mußten sie sorgfältig hüten, um sie von der „Grenzlinie" fern zu halten. Als
das Wetter kälter wurde, fanden viele, die noch im Besitz ihrer
Geistesfähigkeiten und der Sprache waren, daß ihre Hände und
Füße an Brand litten. Der größere Theil dieser Unglücklichen
wurde in dem Hospital untergebracht, in welchem ich Aufseher
einer Abtheilung war. Den richtigen Namen dieser Krankheit
kenne ich nicht, ich weiß nur, daß sie die Folge langsamen Verhungerns war. Einige dieser armen Burschen amputirten ihre
eigenen Füße, unter anderen Kamerad John W. January, welcher
jetzt in Minonk, Ill., wohnt.

Auf jede erdenkliche Weise versuchten die Rebellen uns jetzt
zum Uebertritt und zum Eintritt in ihre Armee zu bewegen, indem
sie uns Kleidung, gutes Essen und Geld versprachen. Einige,
aber Gott sei Dank, nur wenige der Gefangenen ließen sich anwerben, vielleicht mit dem Vorsatz bei erster Gelegenheit zu deser-
tiren, wofür die Rebellen jedenfalls aufpaßten; unsere alten
Andersonville Plagegeister, die „Raiders," ließen sich auch anwerben. Ihnen lag wenig daran, ob die Rebellen die Regierung
stürzten oder nicht, nur fort aus dieser Hölle war ihre Losung.
Im Ganzen schlossen sich vielleicht drei Hundert den Rebellen an,
der Rest blieb der alten Flagge mit um so größerer Ergebung
treu. Nach Verlauf von einigen Tagen erschienen diese Abtrünni-
gen im Innern des Gefängnisses; sie waren in einer Rebellen-
uniform gekleidet, mit einer Flinte bewaffnet und trugen eine
Rebellenflagge. Sie forderten uns zum Anschluß auf, welches
Ansinnen mit Entrüstung zurückgewiesen wurde, indem wir ihnen

sagten, daß wir lieber verhungern und verfaulen wollten, ehe wir uns dazu hergaben, eine Flinte unter dem „Rebellen-Lappen" zu tragen. Mit der größten nur denklichen Verachtung wurde Jeder behandelt, der etwas sagte oder that, was den Rebellen half oder helfen konnte. Ich will nicht den Versuch machen, die Schrecken des Gefängnisses zu schildern, nur das will ich sagen, daß das menschliche Elend hier größer war als in Andersonville. Viele wurden an der „Grenzlinie" gemordet, der Brand forderte unzählige Opfer und viele starben den Hungertod.

Fünftes Kapitel.

Sherman's Heranmarsch verursacht eine eilige Fortschaffung.—Unsere Hospital-Truppe verbleibt.—Die Wache wird abgesandt um Sherman zu bekämpfen.—Aufbruch nach unserer Linie.—Picnic im Gehölz.—Zurückkehr nach Florence.—Wieder auf Fracht-Eisenbahnwagen gebracht.—Die „weiße" Fahne.—Die Blauröcke.—Unter dem Sternenbanner.—Wir lachen vor Freude während starke Männer weinen.—Ein Fest mit Zwieback und Lincoln-Kaffee.—Das erste seit achtzehn Monate.—Zuletzt in Gottes Land.—Ein Rückblick.—Sechzig Tausend Kameraden ein Opfer dieser Gefängniß-Brutalität.—Wollen lieber sterben als den Sternenbanner zu entehren.—Schreckliche Verantwortlichkeit für Jeff. Davis.—Gefängniß-Register des Südens.—Ihre eigenen Zeugnisse von der furchtbaren Sterblichkeit.—Warum wir nicht ausgetauscht wurden.

Der Winter schwand dahin, aber die Kälte und Nässe hatte manchen dahingerafft. Anfangs Februar kam Sherman so dicht an uns heran, daß die Rebellen es für gerathen hielten, alle Diejenigen welche noch gehen und stehen konnten, nach Goldsborough, N. C., zu schaffen. Die Hospitalwärter, zu denen ich gehörte, blieben zurück, um die Kranken zu pflegen. Alle im Gefängniß befindlichen Kranken wurden so gut als möglich in das Hospital, die Uebrigen in der Nähe desselben untergebracht, damit wir ihnen wenigstens Wasser reichen konnten ehe der Tod, welcher hier Tag für Tag reiche Ernten hielt, sie von ihren Leiden erlöste. Eines Tages wurde uns mitgetheilt, daß die Wachen entfernt würden, falls wir willens wären, einen Eid zu leisten, nicht aus der Umzäunung zu gehen. Dieses Anerbieten nahmen wir mit Freuden an, da wir froh waren, von diesen Mordbuben erlöst zu werden, und mußten dann uns eidlich verpflichten, nicht mit Negern oder Sklaven zu sprechen und nicht über die Grenzen der Umzäunung hinaus zu gehen. Die Versuchung, jetzt zu entfliehen, war groß: dennoch hielten alle Wärter getreulich bei ihren kranken Kameraden aus und nicht Einer lief davon, sondern thaten was in ihren schwachen Kräften stand, den Zustand ihrer Pflegebefohlenen bestmöglich zu gestalten.

Eines Morgens, Ende Februar, kam ein Rebellenoffizier herein und befahl uns, jeden Mann nach der Eisenbahn (etwa eine Viertel Meile entfernt) zu schaffen, da sie uns nach unseren Linien befördern wollten. Einige der Kranken wurden auf Wagen geladen, andere krochen auf Händen und Füßen die ganze Distanz. Nur die Sterbenden, etwa dreißig oder vierzig an der Zahl, wurden ohne jede Hülfe zurückgelassen. Zuletzt waren alle in Frachtwagen untergebracht und es ging fort. Um die Mittagszeit des zweiten Tages hielt unser Zug im Rücken einer Schlachtlinie der Rebellen an; die größte Aufregung herrschte und bald darauf ging unser Zug viel schneller den Weg zurück als wir gekommen waren. Wir hätten herunterspringen und uns im Walde verstecken können, aber dieses ging nicht, weil wir unsere kranken Kameraden nicht im Stiche lassen konnten oder wollten. Schließlich hielt unser Zug mitten in einem Gehölz an, wir mußten aussteigen und feierten ein wahres Picnic. Nach dem Gebahren der Rebellen zu urtheilen befürchteten sie einen Ueberfall. Etwas Kavallerie leistete Wachtdienst über uns, und am nächsten Morgen wurden wir nach unseren alten Quartieren nach Florence befördert. Dieses entmuthigte unsere Kranken auf das Aeußerste; wir versuchten sie zu trösten so gut wir konnten, denn Rettung war jetzt jedenfalls nahe und die Conföderation gebrochen.

Von den vor vier Tagen als sterbend Zurückgelassenen fanden wir noch einige am Leben vor; wir netzten ihre Lippen mit Wasser und thaten für sie was wir konnten. Einige der Mitgenommenen waren Unterwegs gestorben; diese ließen wir an der Eisenbahn liegen, um sie von den Bahnangestellten beerbigen zu lassen. Am ersten März wurden wir wieder in Frachtwagen geladen und über dieselbe Bahnlinie befördert. Wir hatten erfahren, daß Wilmington eingenommen worden war und in der Richtung von Wilmington bewegten wir uns; ohne besondere Vorfälle ging die Reise von statten, nur wenn unser Zug anhielt, stiegen wir aus, um mittlerweile Gestorbene hinaus zu nehmen und neben dem Geleise niederzulegen; unsere Locomotive führte eine Parlamentärs-Flagge. Was stand uns bevor? Diese Frage beunruhigte uns nicht wenig. Auf einmal ruft einer unserer Kameraden: „Hallo, da ist ein Blaurock!" Wir gucken hinaus, richtig, da sind verschiedene Blauröcke auf einer Fouragetour begriffen. Dann sehen wir Flintenläufe in der Sonne blitzen und wissen bald, daß wir eine Vorpostenkette von unseren eigenen Leuten vor uns haben.

Selbst die Kranken kriechen nach der Thüre, um sich an diesem Anblick zu laben. Die Wachen, welche ziemlich verdutzt und erschreckt darein blicken, wehren es nicht. Unser Zug passirt die Vorpostenlinie und der befehlende Rebellenoffizier salutirt einen Unions-Major, sie wechseln ein paar Worte und der Major gibt einem Offizier der Vorpostenlinie einen Wink, dieser tritt mit ungefähr dreißig unbewaffneten Leuten und einigen Aerzten heran.

Die Rebellenwachen ziehen sich einige Yards zurück, und sehen beschämt und betroffen aus. Kein Wort wird zwischen ihnen und unseren Leuten gewechselt. Unsere Freunde kommen heran, und helfen die Kranken hinaus; mancher fährt mit dem Aermel oder der Hand über die Augen, während bei andern das Gesicht einen harten Ausdruck annimmt, die Faust sich ballt; mancher Blick des Hasses und der Wuth wird den Rebellen zugeworfen, aber da ist die Parlamentärflagge und die muß respektirt werden. Ein Unionssoldat tritt heran und frägt ob Jemand Namens Wilcox da ist. Einer der Kranken kommt zu den Sprechenden und sagt: „Dieser da ist Ihr Bruder," auf einen Wahnsinnigen deutend. Er weiß nicht einmal seinen eigenen Namen mehr als sein Bruder ihn anredet. Alles dieses berührt uns nicht, wir haben ein und ein halbes Jahr nur Elend und Kummer gesehen und begreifen nicht weshalb die Leute weinen, und wir sind doch so froh und freudig erregt. Wir versuchen zu singen, aber unsere Stimmen sind zu schwach, und brechen bei dem Versuch.

Wir gehen durch die Linie unserer Wachen hindurch bis zum Rande des Gehölzes wo gutherzige Kameraden große Feuer angezündet haben und Alles thun um uns Bequemlichkeiten zu bereiten. Sie gaben uns Kleider, Hemden, Strümpfe, Alles was sie nur möglicher Weise entbehren konnten. Wilmington war über eine Meile entfernt; diese Truppen waren auf Vorposten und gehörten zu Schofield's Corps. Unsere Streitkräfte waren erst seit einigen Tagen im Besitz von Wilmington und deßhalb nicht darauf vorbereitet und eingerichtet uns zu empfangen und zu kleiden, dennoch kamen bald mehrere Wagen mit Rationen beladen von Wilmington an; im Nu waren die Feldkessel auf's

Feuer gestellt und Kaffee gekocht, Kisten wurden aufgebrochen und
Bisquits vertheilt, ebenfalls Essig und Zwiebeln, alles Sachen,
welche manche von uns seit achtzehn Monaten nicht gekostet hatten. Unsere Aerzte warnten uns mäßig zu sein, Kaffee durften
wir trinken, so viel wir nur wollten, und viele tranken bis sie be-
trunken schienen. Die Aerzte nahmen sich der Kranken an, deren
Anzahl aber der Tod rasch verminderte. Den nächsten Morgen
erhielten wir Seife und in einem nahen Bache wurde dann so
viel Gefängnißschmutz abgewaschen, wie loszubringen war. Wir
erhielten ein gutes Frühstück und alle die gehen konnten, marschirten nach Wilmington und schrieen sich heiser beim Anblick des
Sternenbanners, welches von einem Thurme herabwehrte. Jetzt
wußten wir, daß wir wieder in „Gottes Land" waren. Es
schien uns als wären wir zwanzig Jahre fort gewesen, und jetzt,
auf die Gefängnißzeit zurückblickend, scheint es mir ein Wunder zu
sein, daß überhaupt Jemand im Stande war durch diese gräßlichen Höllen zu gehen und mit dem Leben davon zu kommen.
Mich wundert es nicht, daß so viele starben, sondern daß einige
im Stande waren es zu überleben.

Mit Stolz zeigen wir auf die sechszig Tausend Gräber unserer verstorbenen Kameraden und mit gutem Rechte können wir
sagen, diese zogen es vor, eher den grausamsten Tod zu erleiden,
als ihr Vaterland durch Treubruch zu entehren, indem sie sich
weigerten dessen Feinde, welche es stürzen wollten, in irgend
einer Weise zu unterstützen. Trotz Mangel an Kleidung und
Nahrung, trotz Folter und Krankheit, trotz aller Schrecken die ich
im Vorstehenden beschrieben, trotzdem daß der Tod ihnen in's
Gesicht starrte, so wiesen sie dennoch die oft wiederholten Hilfsof-

ferten zurück, stets sich weigernd in die Rebellenarmee einzutreten oder in deren Werkstätten zu arbeiten. Diese sechzig Tausend Männer gaben ihre Hoffnungen für die Zukunft auf, erlitten Folter und Tod, indem sie glaubten, daß ihre Opfer und Heldenthaten stets frisch in der Erinnerung derer bleiben würden, welche die Freiheit genießen, für welche sie diesen Preis bezahlten. Aber dennoch haben wir heute viele Leute, welche eine Beschreibung der Leiden dieser Kameraden unterdrückt sehen wollen, behauptend, daß dadurch Haß genährt wird, und daß dieselben im Geiste der Feindseligkeit geschrieben sind. Hierzu will ich nur das sagen: Ich weiß daß die Wahrheiten, welche über diese Gefängnißhöllen geschrieben und gesagt worden, dieser Klasse von Leuten höchst unwillkommen sind, ersuche dieselben aber niemals zu vergessen, daß wir nicht das Volk und die Soldaten des Südens für die brutalen Morde unserer Mitgefangenen verantwortlich halten, sondern Achtung für diese irregeleiteten Leute hegen, ausgenommen für diejenigen, welche die Handlungsweise Jener, die ihre hülflosen Gefangenen muthwilliger und vorbedachter Weise mordeten, bewundern und Beifall zollen. Dann heißt es, daß Jefferson Davis und seine Offiziere nicht die Mittel besaßen ihre Gefangenen ordentlich zu speisen. Diese Entschuldigung ist nicht stichhaltig, weil unsere Regierung sich erbot Vorräthe, Kleidung und Medizinen zu liefern, welches Anerbieten zurückgewiesen wurde. Wir wissen es, daß sie keine Entschuldigung dafür haben uns reine Luft, Wasser, Raum und Mittel zur Herstellung von Obdächern zu verweigern.

Mit Thränen in den Augen haben wir gebeten uns die Erlaubniß zu geben den Sumpf in Andersonville zu brainiren und

Material aus dem nahen Wald zu holen, damit wir uns gegen die Sonnenstrahlen und den Regen schützen konnten, und so unser Leben zu retten, aber ertheilt wurde sie nicht. Diejenigen, die da sagen, daß Jeff. Davis und sein Cabinet nicht die Gefangenen mordeten, verweisen wir auf das Zeugniß des Volkes des Südens und auf die Kriegsarchive der Conföderation und ersuchen sie das Zeugniß von Unionssoldaten g a n z und g a r dabei außer Acht zu lassen. Man lese die Berichte der Aerzte der Conföderation, welche die Gefängnisse inspizirten, und man wird sehen wie dieselben nach Davis eilten und ihm über den scheußlichen Zustand derselben und die nutzlose Hinopferung von Menschenleben daselbst berichten — sehen, daß sie die sofortige Entsetzung der unmenschlichen Hüter empfahlen, und die Ernennung von humanen an deren Statt. Man wird sehen, daß Davis nichts derartiges that, sondern, daß er John H. Winder zum Befehlhaber a l l e r Gefängnisse im Süden e r h o b, mit voller Gewalt zu martern und zu morden, wie er für gut hielt. Man prüfe Alles dieses mit Ruhe, und Jeder, mit auch nur einen Funken von Menschlichkeit in seiner Seele, wird niemals wieder Achtung für jenen meineidigen Mörder und seine verrätherischen Rathgeber hegen können, welche „elf Millionen Menschen in einen Krieg hineinzogen, gegen den ihre bessere Ueberzeugung revoltirte." Ab und zu hören wir auch, daß die südlichen Gefangenen ebenso schlimm in den Gefängnissen des Nordens behandelt worden sein. (Was aber nicht von denen behauptet wird, welche in den Gefängnissen des Nordens eingesperrt waren.) Die Gräber unter den hohen Fichten in der Nähe jener südlichen Gefängnisse erzählen eine Geschichte, deren Wahrheit nicht abgeleugnet werden kann; in nur wenigen der südlichen Gefängnisse wurde ein Todtenregister geführt, und wo eins geführt wurde, war es sehr unvollkommen, während im Norden die Register vollständig waren und jeder Todesfall eingetragen wurde. Diejenigen, die mit dem Süden sympathisiren, behaupten demzufolge, daß die Kriegsarchive einen größeren Prozentsatz von Sterbefällen in den Gefängnissen des Nordens als in denen des Südens aufweisen, trotzdem, daß sie bestimmt wissen, daß niemals der vierte Theil der Sterblichkeit in den Gefängnissen des Südens berichtet worden ist. Die Archive der Conföderirten zeigen, daß sie 188,145 Mann gefangen nahmen, daß sie 94,073 entweder auf Ehrenwort entließen oder auswechselten, mithin bleiben 94,072 nach; angenommen jetzt, daß 10,000 entflohen oder in die Rebellenarmee eintraten, so bleiben dennoch 84,072 nach, und die Frage ist, was wurde aus diesen? Sie gingen zu Grunde in jenen Gefängnißhöllen, oder wurden durch Wald und Flur gehetzt, bis die Bluthunde und ihre dämonischen Verfolger sie erreichten, und ihre zerrissenen Leichname wurden den Aasgeiern preisgegeben. Jeder meiner Mitgefangenen kann Zeugniß dafür ablegen, daß von vielen, die entflohen, niemals wieder ein Wort gehört worden ist. Ich glaube nicht, das es mehr wie einem in je fünfzig, die entsprangen, gelungen ist unter den Schutz der Sterne und Streifen zu gelangen.

Mehr Unionssoldaten haben ihr Leben in den südlichen Gefängnissen und in Folge der darin erlittenen Qualen verloren, als in den zwei Tausend, zwei Hundert und einundsechszig Schlachten der Rebellion getödtet worden. Ich bin häufig gefragt worden: „Weßhalb wechselte unsere Regierung keine Gefangenen aus, oder warum entsendete sie keine Armee Euch zu befreien?" Die Antwort

Jefferson Davis wird in Frauenkleidern verkleidet gefangen.

ist einfach diese: Die Rebellen verlangten eine Auswechslung von Mann für Mann so weit diese gingen (ausgenommen Neger), während der Ueberschuß auf Ehrenwort entlassen werden sollte, wodurch mit einem Schlage alle weißen Gefangenen frei geworden wären. Wäre dieses geschehen, so hätte Sherman nicht durch Georgia maschiren, noch Grant Richmond einnehmen können, jedenfalls hätten diese Ereignisse sich erst um ein oder zwei Jahre später zutragen und zwar aus diesem Grunde: Aus den vierundneunzig Tausend Mann, welche die Rebellen hielten, hätten die Unionsarmee keine zwanzig Tausend kampffähige Leute bekommen, während auf der anderen Seite der Norden zweihundertundzwanzig Tausend Mann, welche das beste Material der Armee des Südens ausmachten, festhielt, welche fast alle, trotz ihres Ehrenwortes, die Waffen gegen Grant und Sherman erhoben hätten, wodurch unsere Regierung gezwungen gewesen wäre, wenigstens vier Hundert Tausend neue Reserven auszurufen, um diese alten Soldaten aus ihren Stellungen zu treiben. Dieses waren die besten Bedingungen, welche die Rebellen boten; nur gegen Ende des Krieges waren sie bereit unter fast jeder Bedingung Auswechselungen von Gefangenen anzunehmen; dann aber hatte der Norden es nicht mehr nöthig und die Rebellen waren bereit, uns laufen zu lassen. Was das Entsenden einer Armee zwecks unserer gewaltsamen Befreiung anbetrifft, möchte ich den Fragesteller fragen: ob er sich bewußt war, daß man uns stets in dem sichersten Theile des Südens hielt und so weit von unserer Armee entfernt wie nur möglich? und daß es ebenso schwierig für unsere Truppen war, uns zu befreien, als für eine Rebellenarmee nach Chicago zu marschiren und ihre dort befindlichen Gefangenen zu befreien. Ich habe unserer Regierung keinen Vorwurf über scheinbare Vernachlässigung zu machen, bin aber der Ansicht, daß wir,.trotz unserer Gefangenschaft, bennoch nicht Wenig zur schnellen Beendigung des Krieges beigetragen haben und dafür Anerkennung verdienen.

Ich bin schnell über dieses Bild hingegangen und habe den Text nur in flüchtigen Umrissen hingeworfen, welcher, wollte ich ihn ausführlich beschreiben, ein Buch so groß wie die Bibel füllen würde. Meine Absicht war ein billiges Pamphlet zu schreiben, und ich mußte mich deshalb kurz fassen, so daß nicht einmal Raum blieb, die Namen jener Helden zu nennen, welche die Probe bestanden.—Männer, welche meine beständigen Kameraden waren, die den nagendsten Hunger erduldeten, deren zusammengeschrumpfte Körper von Kälte und Nässe wie Espenlaub zitterten; ich habe gesehen, wie ihnen Nahrung, Kleidung und Bequemlichkeiten angeboten wurden, wenn sie sich der Rebellenarmee anschließen wollten; aber ihre Lumpen um ihren zitternden Leib schlagend, riefen sie mit Verachtnng in ihrer Stimme: „Thut was ihr wollt, aber den Sternen und Streifen werden wir nun und nimmermehr untreu." Glaubt der Leser, daß es Patriotismus war, was diese Männer zum Eintritt in die Unionsarmee bewog? oder waren es die breizehn Dollars per Monat, wie von ben Redakteuren jener Zeitungen behauptet wird, welche den Vetoes des Präsidenten gegen Pensionen und der Zurückgabe der Rebellenflaggen das Wort reden? Ich zweifle keinen Augenblick baran, daß, wären die Undankbaren, welche diese Behauptung aufstellen, mit uns gewesen, sie sich entweder der Rebellenarmee angeschlossen hätten, oder mit jenen sechs „Raiders" gehängt worden wären.

Nachstehende Zahlen habe ich "Smith's Knapsack of Facts and Figures from '61 to '65" entnommen.

In dem Krieg für die Erhaltung der Union wurden 2,261 Schlachten geschlagen.

  In den Schlachten wurden getödtet......44,238
  An Wunden starben..................49,205
  In Folge von Krankheit starben.......186,216
  Aus unbekannten Ursachen gestorben.....24,184
  Selbstmord, Mord und Hinrichtungen.... 526

        Zusammen 304,369

Von dieser Zahl starben 188,353 in den Hospitälern. Der Verlust an Menschenleben—Nord und Süd—wird auf 1,000,000 geschätzt. Der Verlust an Eigenthum der Ver. Staaten auf über $6,000,000,000.

Es gab sechzehn Rebellengefängnisse, in deren Nähe sich die Gräber von 36,401 Soldaten der Union befinden, also daselbst starben. Von den 11,599 entlassenen Gefangenen starben ehe sie die Heimath erreichten, und bald darauf 12,000 Derjenigen, welche die Heimath erreichten, also im Ganzen 60,000. Aber von einer großen Anzahl ist niemals wieder etwas gehört worden und viele derselben, dessen bin ich sicher, fielen als Opfer der schrecklichen Bluthunde.

Zeugnisse von Rebellen.

Nachstehend sind Zeugnisse welche während der bekannten Wirz'schen Gerichtsverhandlung in Washington, D. C., im Jahre 1865 ausgesagt wurden.

Oberst Gibbs, wurde eingeschworen und bezeugte: „Ich war Rebellen Commandeur des Postens zu Andersonville. Wirz hatte ausschließliche Controlle über das Gefängniß, und es war ihm bekannt das genügende Lebensmittel für Alle vorhanden waren.

Hugh B. Harold, wurde eingeschworen. Dieser Zeuge fungirte als Agent des Proviant-Meisters und lieferte die Lebensmittel für Andersonville. Er bezeugte daß ihm befohlen wurde alle Provianten für Andersonville zu behalten, daß er immer so viel an hand hatte wie er versenden konnte und daß der Lebensmittel wegen kein Grund für die Entbehrungen vorhanden war.

James Van Valkenburg wurde eingeschworen. „Ich wohnte bei Macon, Georgia. Die Ernten im Süden welche seit der Rebellion gezogen wurden waren gut. Baumwolle wurde nicht gepflanzt. Der Erdboden wurde nur zum ziehen von Lebensmittel verwendet."

Col. D. S. Chandler wurde eingeschworen. Er bezeugte daß er im Dienste der Rebellen-Regierung stand, und daß er eine

Woche mit Inspizierung von Andersonville zubrachte. Er machte Berechnungen und fand daß die Gefangenen in den Umzäunungen ungefähr sechs Quadrat-Fuß per Mann Raum hatten —nicht ein Platz von Fuß-Quadrat, sondern ein Fuß breit und sechs Fuß lang. Grünes Welschkorn war genügend vorhanden und hätte geliefert werden können.

Dr. J. J. Roy, wurde eingeschworen. Derselbe bezeugte daß er im Dienst zu Andersonville war. Das Hospital war in einem schrecklichen Zustande, es fehlte an Zelte und Betten. Es waren keine Bequemlichkeiten vorhanden. Es wurde ihm erzählt daß ungefähr dreißig bis fünfunddreißig Tausend Gefangene dort waren. Er fand es nicht schwierig Medizinen zu bekommen, ausgenommen einige der seltenen Artikel. Die Leute stellten die abscheulichsten Gestalten welche je von der Menschheit gesehen wurde, vor. Einige waren mit Scorbut in der schlimmsten Art behaftet, er schrieb das Entstehen dieser Krankheit langer Einkerkerung, und die Entbehrung von nöthigen Lebensbequemlichkeiten zu.

Es befanden sich Maden in dem Sumpfe in der Nähe des Hospitals, die Ausdünstungen derselben war der größte Nachtheil für die Patienten. Die Insekten, oder weiße Ameisen mit Flügel entstanden aus dem verfaulten Thier- und Pflanzen-Gegenstände. Dieselben waren so zahlreich daß es für einen Menschen gefährlich war nach Sonnenuntergang den Mund zu öffnen.

Ambrose Spencer wurde eingeschworen und bezeugte daß er in der Nähe von Americus, Ga., ungefähr neun Meilen von Andersonville seit den letzten fünf Jahren wohnte und öfters Andersonville besuchte. Während dem Jahre 1864 war eine außergewöhnlich große Ernte von Gemüsen. Jeden Tag wurden die

Eisenbahnzüge mit Gemüsen nach Andersonville beladen. Einige der Beamten in Andersonville hatten Agenten in Americus um Gemüse für die Wächter zu kaufen. Der Thermometerstand während des Jahres 1864 war sehr hoch. Zeuge glaubt derselbe erreichte 110 Grad im Schatten. Zu einer Zeit hing Zeuge seinen Thermometer in die Sonne und derselbe erreichte die Höhe von 127 bis 130 Grad. Der Winter von 1864 bis 1865 war der kälteste in Georgia in 25 Jahren. Zeuge behauptet den Thermometer 25 Grad über Null beobachtet zu haben. Zeuge wurde einmal während des Nachts aufgeweckt, es war sehr kalt, er öffnete das Fenster und fand einen entsprungenen Gefangenen von Andersonville. Zeuge ging hinunter und ließ ihn herein, er war beinahe erfroren und schlecht gekleidet. Zeuge schaute nach dem Thermometer, derselbe zeigte 18 Grad über Null.

Zu einer Zeit wurde von den Damen des Landes ein allgemeiner Versuch gemacht die Leiden der Gefangenen zu lindern. Eine große Quantität Proviant wurden gesammelt und nach Andersonville gesandt. Zeuge glaubte der Versuch hätte fehlgeschlagen. General Winder verweigerte das Hineinbringen des Proviants. Er sagte: „er glaube das Land sei „Yankees" geworden und der Versuch die Gefangenen zu unterstützen wäre eine Beleidigung gegen die Consöderirte Regierung und er würde denselben Einhalt thun." Zeuge antwortete ihm er glaubte nicht das man Fühlung für die Yankees oder der Union zeigt, wenn man Menschengefühl hat, er antwortete: „Es ist am Besten die Yankees sterben hier."

Die Ausdrücke welche er gegen die Damen gebrauchte waren so abstoßend daß kein Mann in der Gegenwart seiner Frau dieselben anhören konnte, ohne sich beleidigt zu fühlen. Dieselben waren von solchen Character daß es unpassend wäre sie hier, in der Gegenwart von Damen, zu wiederholen.

Winder machte die Bemerkung daß er die Damen zur Treue an der Consöderirten Regierung zwingen könnte, indem er dieselben in eine gewisse Lage bringen würde. Zeuge überhörte eine Bemerkung des Angeklagten, daß wenn er seinen Willen ausführen könnte, er ein Haus bauen und die Damen darin für gewisse schändliche Zwecke unterbringen würde die Zeuge nicht gerne wiederholen mag. Zeuge war mit Turner, den Hüter der Bluthunde bekannt, derselbe sagte ihm daß er mehr Geld damit verdiene als wenn er sein Land bearbeite. Wirz war sein Zahlmeister.

Zeuge fragte Winder ob er Barracken und Schutzgebäulichkeiten errichten werde, und weßhalb er die Bäume abgehauen hätte. Derselbe antwortete: „Ich werde eine Einpferchung bauen die mehr Yankees umbringen wird als wie auf dem Schlachtfelde."

Dr. John C. Bates, welcher vom 22. September 1864 bis zum 26. März 1865 contrahirender Wundarzt für die Rebellen-Regierung in Andersonville fungirte wurde eingeschworen und bezeugte folgendes:

„Als ich Abtheilung No. 15 des Hospitals betrat, sah ich eine Anzahl Männer, deren Zustand mich entsetzte. Viele von ihnen lagen theilweise entblößt, schmutzig und läusig im Sand, andere waren in kleinen, unbrauchbaren Zelten zusammengepfercht. Ich untersuchte alle die mir zur Behandlung übergeben wurden und erkundigte mich über ihre Rationen und sprach mit ihnen da-

rüber. Die Kranken begehrten öfters von mir einen Eßlöffelvoll
Salz, oder Ueberbleibsel aus dem Welschkornmehl da Sie etwas
Brod machen wollten. Die Leute sammelten sich um mich und
baten um einen Knochen. Die Kleidung welche sie bekamen
wurde von den Todten genommen. Zu dieser Zeit waren ungefähr 2000 bis 2200 krank. Ich schätze das ungefähr 20,000 bis
25,000 zusammengepfercht waren. Einige gruben Löcher und
Höhlen in der Erde. Denjenigen, welche in den Schuppen lagen,
ging es etwas besser. Ich sah nur wenig Schützung, außerdem
was von den Gefangenen hergerichtet wurde. Ich fand die Lei-
benden mit Scorbut, Wassersucht, Diarrhöe, kalten Brand, Lungenfieber und andere Krankheiten behaftet. Gefangene welche
starben wurden Kopferst in einen Wagen gelegt um dann fortge-
schafft zu werden. Auf welche Weise dieselben begraben wurden
kann ich nicht sagen. Die Ausdünstung des Gefängnisses war
sehr widrig. Im Falle meine Hände durch irgendwelche Ursache
aufgeschürst waren so ging ich nie in das Hospital ohne diese
wunden Stellen mit einem Pflaster zu belegen. Im Falle Personen, deren Systeme durch Entkräftigung litten, sich irgendwie
mit den Zehen anstießen oder sich die Hand kratzten dann wurde
der Fall mir zunächst als kalten Brand berichtet, so heftig war
diese Krankheit im Gefängniß. Die Gefangenen waren wie Ameisen und Bienen eingepfercht. Die Hunde wovon gesprochen,
wurden gebraucht um entsprungene Gefangene wieder einzufangen. Fünfzig Prozent der Verstorbenen hätte gerettet werden
können und ich glaube sicherlich das fünfundsiebzig Prozent am
Leben erhalten worden wären wenn die Patienten die richtige
Behandlung bekommen hätten. Manchesmal fand ich Todte un-

ter den Lebenden liegen, glaubend daß sie nur schliefen, als ich sie
aufwecken wollte fand ich daß sie zur ewigen Ruhe gegangen waren. So ging es im Hospital und ich glaube in der Palisade
war es ebenso.

Ein weiteres Zeugniß aus dem Süden ist hier folgend an-
gegeben, welches von der „Todtenlinie" spricht und welches beweist daß Jefferson Davis ganz genau von den schrecklichen Zustände welche in Andersonville herrschten unterrichtet wurde.
Dasselbe kam von Beamten der Conföderation.

„Erstes Regiment der Georgia Freiwillige,
Camp Sumpter, (Andersonville), den 23. Juni 1864.

Präsident Jefferson Davis:

Achtbarer Herr:—Ich bin nur ein einfacher Soldat im
Dienst an diesem Platze und wenn ich etwas verdammenswerthes
sehe, wie ich hier sehe, so habe ich nicht die Macht dasselbe zu ver-
bessern, doch als ein menschliches Geschöpf in dem Glauben daß
wir andere Menschen ebenso behandeln sollen wie wir von denselben behandelt zu sein wünschen, bemühe ich mich Ihnen von
Zuständen in Kenntniß zu setzen, welche, ich glaube, ihnen unbe-
kannt sind. Im ersten Falle will ich hier bemerken daß ich keinen Grund habe die Yankees zu lieben (denn Sie haben mich und
meine Familie aus unserem Heim vertrieben und müssen wir
deßhalb anderswo Unterhalt suchen,) doch ich glaube die Gefangenen sollten gewisse Rechte haben. Innerhalb unserer Gefäng-
nißwände, ganz herum befindet sich ein Raum ungefähr zwanzig
Fuß breit, welcher die „Todtenlinie" genannt wird. Die Wachen
sind befohlen im Falle einer dieser Gefangenen diesen Raum be-
tritt denselben zu erschießen. Leider, haben wir hier viele gedan-

kenlose Jünglinge, die glauben wenn sie einen „Yank" erschießen
sie große Männer sein werden. Die Folge davon ist daß fast
jeden Tag zwei oder mehrere Gefangene erschossen werden, und
wenn der Offizier der Wache zu den betreffenden Wächter's Stelle
kommt, so findet er einen Todten oder schwer Verwundeten gewöhnlich innerhalb seiner eigenen Grenzen. Der Wächter natürlich behauptet er war über die „Todtenlinie" hinausgetreten als
er ihn erschossen hatte, und es wird ihm bedeutet daß er ganz
recht gethan hat und daß er ein guter Wächter sei. Vergangenen
Samstag wurden zwei erschossen während dieselben sich in ihre
Zelte befanden. Der Jüngling behauptete er hätte nach einen
der Gefangen geschossen als er die „Todtenlinie" überschritt.
Vorletzte Nacht wurde in meiner Nähe, wo ich Dienst that, ein
Gefangener erschossen, der Wächter behauptete derselbe hätte einen
Schritt über die „Grenze" gemacht um einem Schmutzloche auszu-
weichen. Derselbe schoß ihn durch die Eingeweide und als der
Offizier der Wache dazukam fand er denselben innerhalb seiner
eigenen Linie liegen. Der Wächter, wie gewöhnlich, behauptete
daß der Erschossene über die Grenze getreten war, aber dann zu-
rückfiel. Der Officier bedeutete daß er recht gehandelt hätte.

Nun mein lieber Herr, ich weiß daß Sie solche Maßregeln
nicht befürworten.

Ich mache Ihnen gegenüber diese Darstellung, wissend, daß
Sie ein Soldat, Staatsmann und Christ sind, in der Hoffnung
daß Sie diese und andere Zustände die hier existiren ändern werden. Aber dennoch wenn Sie einen Betrauten hierher senden,
wird derselbe sich selbstverständlich unter den Beamten mengen
und seine Mission erklären um dann bedeutet zu werden das

„Alles gut ist." Lassen Sie aber einen guten Mann, als einen Privatbürger hierher kommen, der sich unter den gemeinen Soldaten mischt und sich eine Woche hier aufhält und wenn derselbe dann nicht Zustände findet die sich gegen das menschliche Gefühl empören, dann will ich zugeben daß ich irre geführt worden bin.

Ich unterzeichne dieses mit meiner Unterschrift in der Hoffnung daß Sie dasselbe meinen Vorgesetzten nicht zu Gesicht kommen lassen werden, widrigenfalls es für mich nachträglich sein würde. Mit größter Hochachtung, Ihr

James Anderson.

P. S.—Bitte entschuldigen Sie Bleistift.

Indossirt.—„Hochachtungsvoll verwiesen, auf Anweisung des Präsidenten, an den achtbaren Kriegssecretär.

23. July 1863. J. C. Jves, Oberst und Adjutant."

„Verwiesen an den Brigaden General Winder auf Verweis.

23. July 1864. J. A. Campbell, A. S. W.

Es giebt kaum eine Grenze zu der Menge von Zeugnisse, und deren hohen Rang, die herbeigeführt werden können, welche beweisen daß die Conföderations-Regierung ganz genau von den schrecklichen Zustände zu Andersonville und anderen Militär-Gefängnisse unterrichtet war.

„Was für einen Zweck konnten die Rebellenführer darin gehabt haben, indem sie die Gefangenen so grausam mißhandelten?" Sie hofften, durch die schrecklichen Leiden der Unionssoldaten, die standhaften Bürger des Nordens zu zwingen denn von den Rebellen vorgeschlagenen Friedensabschluß einzuwilligen. Als dies fehlschlug folgte ein anderer Zweck und dieser war um die Gefangenen zu den Eintritt in die Rebellen-Armee zu zwingen oder um dieselben so weit zu Schaden zu bringen, daß sie für weiteren Dienst in der Unions-Armee untauglich sind. Ihre schmachtende Opfer und die Beerdigungsplätze der Gefängnisse beweisen wie weit sie letzteres erfolgreich ausgeführt haben. Während tausende von Unionsgefangenen verhungerten fand die Armee Sherman's und die Rebellenarmee Johnson's den Staat vollgepropft mit Lebensmittel, genug um zwei große Armeen Monate lang zu unterhalten. Die Farmer des südlichen Theiles des Staates Georgia zahlten ihre Taxen in Americus, elf Meilen südlich von Andersonville. Diese Taxen bestanden aus einem zehnten Theil aller ihre Landprodukte, welchen die Farmer gezwungen waren an die Rebellen-Regierung zu zahlen. Jefferson Davis behauptete das Americus, Ga., eines der größten Proviant-Depots war.

Wie lange sollen diese Erinnerungen an den Krieg beibehalten werden. Gerade solange als das Rebellen-Element und die mit ihnen, im Norden wohnenden, sympathisirende Verrätherei als ehrwürdig betrachten; indem sie die Behandlung der Unionsgefangenen entschuldigen und indem sie reulosige Rebellen zur Macht verhelfen wollen. Verrätherei ist bei dem standhaften Volke heute ebenso verhaßt als damals unter der Sturmwolle der Rebellion.

Ich bemitleide und verzeihe diejenigen welche gefehlt, gelitten und bereut haben, doch, es ist natürlich daß ich ein freundlicheres Gefühl für diejenigen Menschen habe die mein Haus von den Flammen gerettet, als ich für diejenigen haben könnte welche dasselbe angezündet haben.

Sergeant S. H. Mellon von Compagnie I, 4tes Dermonter Regiment wird am 13. Dezember 1864 von Kapitän Wirz zu Tode gestampft. Grab No. 12,283. Dies war eine der vielen Mordthaten für welche er verurtheilt und im November 1865 gehängt wurde.

Das Sultana Unglück.

Das Schicksal der Rebellen-Conföderation war durch die Uebergebung Lee's gesiegelt, und die Wegnahme des Rebellen-Kapitols veranlaßte Jefferson Davis zur eiligen Flucht. Die Leute des Südens fühlten daß es nicht zweckmäßig sei die Unions-Gefangene von ihren siegreichen Kameraden befreien zu lassen. Die Rache der Befreier sowohl der Befreiten fürchtend, beeilten sie sich die durch diese schauberhafte Grausamkeit Ueberlebenden durch die Unions-Linie zu Vicksburg und anderen passenden Gegenden zu bringen. Diejenigen welche durch Vicksburg, Miss., gesandt wurden, waren von Cahaba, Ala., und die schmachtenden Skelette aus Andersonville. Diese Ex-Unions-Gefangene wurden so schnell als Transportation besorgt werden konnte nach dem Norden gebracht.

Am 26. April 1865 kam der große Mississippi-Fluß-Dampfer Sultana von New Orleans in Vicksburg an, es befanden sich mit Passagiere und Bemannung ungefähr hundert Personen darauf. In Vicksburg nahm der Dampfer ungefähr zwei Tausend und ein und dreißig Ex-Unions-Gefangene, einige Soldaten, einige Sanitäts-Beamten und Ex-Soldaten der Conföderation, welche nach ihrer Heimath in Arkansas reisten, auf. In Memphis wurde eine große Ladung von Zucker ausgeladen und eine Versorgung von Kohlen eingeladen. Es war um Mitternacht und der Dampfer fuhr weiter nach dem Norden. Ungefähr sechs Meilen nördlich von Memphis explodirte der Dampfkessel und der Dampfer brannte in kurzer Zeit bis zur Wasserebene nieder. Vierzehnhundert und drei und vierzig Ex-Gefangene gingen dabei verloren. Von den Geretteten starben drei Hundert in Folge Verbrühung, Brandwunden oder Entblößung. Der Verlust an Menschenleben betrug siebenzehn Hundert. Aus zwanzig Damen-Passagiere wurde nur eine gerettet. Niemand weiß die Ursache der Explosion. Es wird behauptet das der berüchtigte „Blokade Runner" Charles Dale, eine Torpedo in einem Kohlenklumpen gethan und dann auf den Feuerungshaufen vor dem Dampfkessel gelegt hätte. Wm. Streeter aus St. Louis behauptet daß Dale ihm gesagt hat, er hätte dies gethan um den Dampfer zu zerstören. Der Schreiber dieses besuchte kürzlich einen der Geretteten des Dampfers „Sultana" F. W. McIntosh mit Namen, von der 14ten Illinoiser Infanterie. Unser Gespräch führte von dem Gefängnißleben auf unsere Heimkehr, er wurde zu Vicksburg und ich zu Wilmington, N. C., entlassen, er sagte: „Sie wissen ungefähr wie wir aussahen mit unseren Knochen fast durch die Haut hervorstehend, meine Füße und Knöchel waren so sehr mit eiternden Scorbut angeschwollen, daß es mir schien als seien mein Kopf und meine Füße die größten Theile meines Körpers. Ich war auf dem Dampfer „Sultana" auf dem Wege nach Gottes Land um meine Lieben daheim wieder zu sehen. Ich litt so viel in Andersonville daß ich in dieser neuen Lage der freudigen Zukunft nur wenig Schmerz verspürte. Ich lag auf dem geträngten Sturmverdeck und hörte den Uebrigen zu wie sie von den kommenden guten Zeiten, welche so nahe waren, sprachen, worauf ich einschlief. Ich wußte von nichts weiter bis ich durch einen plötzlichen Ruck aufgeweckt und durch die schwarze Nachtluft geschleudert wurde. Ich fiel in's Wasser ungefähr vierzig bis fünfzig Fuß vom Dampfer entfernt und war kaum im Stande zu verstehen was geschehen war. Ich fand einen Balken an dem einige zerschmetterte Bretter hingen und ich hielt mich fest. Alles war ein Wirrwarr auf dem Dampfer; ich konnte Feuer sehen, und das sausen des Dampfes, das Stöhnen und Schreien der Verletzten hören. Ich sah verbrühte Leute wie sie in das Wasser sprangen. In dem Bewustsein daß ich in Gefahr laufen würde wenn ich mit den Ertrinkenden zusammenkäme, arbeitete ich mit voller Kraft um meine Schiffstrümmer so weit als möglich von dem Dampfer zu entfernen. Das Feuer verbreitete sich schnell und erhellte die ganze Umgebung. In dem Fluß nahe dem Dampfer wimmelte es mit Leuten und Trümmern, alles in der größten Bestürzung. Diejenigen auf dem brennenden Schiffe schrieen, fluchten, weinten, und einige beteten laut und deutlich. Viele von den Skelettenartige Männer schleppten sich langsam nach der Seite des Schiffes, fielen dann in das kalte, schwarze Wasser und verschwanden für immer. Ich wurde durch die Explosion außerhalb des Bereiches der anderen verwirrten Leute geworfen, viele von diesen versuchten sich an den Trümmern festzuklammern, andere umfaßten einander um dann zusammen zu versinken. Diejenigen welche ein Floß errungen hatten arbeiteten schwer um andere davon abzuhalten. In dem Flusse ging alles stromabwärts. Indem ich mich von dieser fürchterlichen Scene abwendete versuchte ich mit meinen

Händen zu rudern um nach dem Ufer zu gelangen, welches ich nicht sehen konnte. Ich lag mit meinem Körper auf dem Floß und meine Beine hingen im Wasser. Ich kann nicht sagen wie lange ich ruderte, aber verspürte die Kälte und daß meine Glieder starr wurden. Ich verlor die Besinnung und war bald bewußtlos. Als ich wieder zu mir kam war es Tageshell und der Tag schon ziemlich weit vorgeschritten. Es verging eine Zeit ehe ich mich entsinnen konnte was vorgefallen war und wo ich mich befand. Um mich herum waren Sträucher die aus dem schmutzigen Wasser hervorragten, diese Bäumchen erwiesen sich als Baumwoll-Sträucher die auf einen Sand-Hügel wuchsen, und zur Zeit durch die Hochfluth fast gänzlich unter Wasser standen und wo mein treuer Floß anhielt. Neben mir befand sich ein ziemlich großer Baumstamm womit ich mich über Wasser zu halten beabsichtigte. Meine Bemühung auf denselben zu gelangen löste ihn von den Sträuchern und ich war wieder frei. Ich bemerkte nun daß ich mich nicht weit von dem Arkansas Ufer unterhalb Memphis befand, und wurde von zwei Negern entdeckt die mir dann mit einem Boote entgegen kamen. Diese Männer hatten während der Nacht und des Morgens eine Anzahl Schiffbrüchige gerettet. Wir wurden dann nach Memphis hinübergebracht und dort empfingen uns die Damen der Sanitäts-Commission (Gott segne diese edle Seelen) am Fluß. Diese entfernten unsere spärliche Kleidung, wuschen uns so rein wie möglich und kleideten uns in den üblichen Sanitäts-Hemden und Hosen aus rothem Flanell, worauf wir nach dem Overton-Hospital gebracht wurden. Die lange Aufenthalt im Wasser hatte die Geschwulst an meinen Knöcheln und Füßen bedeutend vermindert und dieselben sahen aus wie verbrühtes Rindfleisch, die Skorbut-Geschwüre wurden durch den längeren Aufenthalt in dem sandigen Wasser gründlich gereinigt und ich glaube daß dieses schauerliche Bad viel dazu beigetragen hat daß meine Füße nicht amputirt werden mußten.

Das Libby Kriegsgefängniß, Richmond, Va.

Der alte Gefängnißplatz.

Der Platz des alten Andersonviller Gefängnisses ist jetzt Eigenthum des E. S. Jones Postens, Grand Army of Republic, zu Macon, Ga. Der Kauf umfaßt die achtzig Acker Land worauf die Palisade, Festung, Schützengruben u. s. w. des historischen Gefängnisses sich befanden. Das Land soll in einem National Grand Army Park verwandelt werden. Jede Stelle von besonderem Interesse wird mit einem passenden Monument oder Gebäude bezeichnet und ein großes Amphi-Theater in der Nähe der Providence Quelle, für Feierlichkeiten an Gräberschmückungstage, errichtet werden. J. M. Bryant, Superintendent des Beerdigungsplatzes, wird die Leitung desselben übernehmen.

Todesfälle in Andersonville.

Nach dem Andersonville Todten-Register, wie es von den Rebellen geführt wurde, finden wir die Todesfälle, nach Staaten geordnet, wie folgt:

Alabama	15	New Jersey	170
Connecticut	315	New York	2,572
Delaware	45	North Carolina	17
Dist. von Columbia	14	Ohio	1,030
Illinois	850	Pennsylvania	1,811
Indiana	594	Rhode Island	74
Iowa	174	Tennessee	738
Kentucky	436	Vermont	212
Louisiana	1	Virginia	288
Maine	233	Wisconsin	244
Maryland	194	Ver. Staaten Armee	899
Massachusetts	768	Ver. Staaten Marine	100
Minnesota	79	Bürger, Fuhrleute, u. s. w.	166
Michigan	630	Gehängt worden	6
Missouri	79	Unbekannt	443
New Hampshire	124	An den Blattern starben	68

Zusammen 12,912

Die Todten waren nicht alle registrirt worden; 13,706 wurden in Andersonville beerdigt.

Im August starb einer aus elf!
  „ September „ „ „ drei!
  „ Oktober „ „ „ zwei!
  „ November „ „ „ drei!

Erfaßt der Leser es vollständig, daß im September ein Drittel der Gefangenen starb, daß im Oktober die Hälfte der Nachbleibenden zu Grunde ging und im November ein Drittel der dann noch Ueberlebenden starb? Man lese dieses noch ein Mal, und es wird Jeden davon überzeugen, daß die Ueberlebenden nicht im Stande sind die Schrecken dieser Höllen zu schwarz zu schildern, welche, so weit Barbarismus, Grausamkeit, und Unmenschlichkeit in Betracht kommen, niemals übertroffen worden sind.

Viele Leute betrachten die Thatsache ein Kriegsgefangener gewesen zu sein als eine zeitweilige Entziehung der Freiheit, während welcher der Gefangene nicht an den Freuden und Wohlthaten des Lebens theilnehmen konnte, aber wie so ganz anders war es eine Wirklichkeit!

Ich will hier die Worte eines Gefangenen, der in jenen schrecklichen Höllen schmachtete, wiedergeben. Er sagt:

„Man stelle sich hier dieses schreckliche Dasein vor, wenn man kann! Man denke an diese feinfühlende Männer, gewöhnt an ein leichtes und bequemes Leben, beseelt von einer Liebe für das Schöne und Erhabene, ohne ein Wort des Mitleids oder der Hoffnung, einen Tag nach dem anderen unter diesen Gräuelscenen dahinschleppend. Kein angenehmer Laut, kein süßer Geruch, kein herzerhebender Anblick drang je zu ihnen. Sie waren so vollständig begraben, als ob die Ruinen von Pompeji und Herculanum sie bedeckten. Sie athmeten mechanisch, waren aber von Allem, was das Leben erträglich macht, abgeschlossen. Jeder einzelne Sinn wurde beständig auf das Aeußerste gereizt, und auf das Unangenehmste erschüttert und doch fuhr das Herz fort zu schlagen und machte es möglich, das wenigstens ein Theil dieser bedauernswerthen Geschöpfe mit dem Leben davon kam, welche unzweifelhaft häufig den Allmächtigen baten durch den Tod ihre Leiden zu kürzen.

„Man ziehe in Betracht die unzulänglichen und schlechten Rationen, welche nur ein Halbverhungerter essen konnte; die Nothwendigkeit selbst in nassem Winterwetter kalt und hungrig einhergehen zu müssen; die beständige Qual, welche unzähliges Ungeziefer verursachte und von dem wir uns nicht befreien konnten; die völlige Abgeschlossenheit von der Außenwelt; die schreckliche Eintönigkeit, den beständigen Kummer, den Anblick von so viel Herzeleid und Elend, Tag für Tag, Monat für Monat, und dann will ich fragen, nimmt es irgend Jemand Wunder, daß die wenigen Ueberlebenden geistige und körperliche Ruinen sind?"

Die Andersonviller Post-Office.

Von G. H. Hollister, aus Litchfield, Conn.

Keine Decke um seine verwesten Glieder,
    Unter dem regnerischen Himmel er schlief;
Während seine verhaßten Schafte spitzend,
    Um ihn Tod, der Schütze, kriecht;
Er träumt von Hunger, er reicht seine Hand
    Um zu fassen einen Bissen Brod,
Daß ein weißer Engel mit einer Fackel,
    Unter die am Leben und die schon Todt,
Schien zu tragen als er lächelnd hin wandelt;
    Die Erscheinung ihn weckend, als er sah den
Post-Knaben gefolgt von einer Menge
    Von hungrigen Gesangenen welche fragen
Nach Briefe—Briefe von ihren Freunden.
    Er schleppt sich auf Hand' und Knie'
Er hört seinen Namen rufen, und ach!
    Einen Brief von seinem Weib er sieht!

Er athmet heftig, er ruft im Gedränge,
    Verloren in der finsternen Natur,
Stolpernd inmitten der stehenden Menge,
    Hascht und drückt er den Brief an seine Lippen,
Eine Wache, die folgt, erröthet vor Wuth,
    Ein rostiges Schwert sie schwang,
Verschmäht ihn mit spottenden Fluch,
    Und entreißt den Brief aus seiner Hand.

— 110 —

„Bezahle zuerst das Porto, du elender Schuft!"
　　Verzweiflung machte den Gefangenen brav,
„Dann gieb mir zurück mein Geld, Herr!
　　Ich bin ein Gefangener — nicht ein Sklav!
Du nahmst mein Geld und Kleidung;
　　Nimm auch mein Leben — aber laß mich sehen
Wie Weib und Kind daheim sind,
　　Und ich segne dich — eh' ich muß gehen."

Des Mondes Helle schien durch seine Hände,
　　Als er bittend vor ihm stand,
Und sein scharfes Antlitz sich änderte
　　In ein Gebet, und ach welcher Klang
Von Aengstlichkeit war in seinem Rufen,
　　Für Weib und Kind, als die Wache —
An die Seinen denkend — passirte,
　　Und ließ ihn in Ohnmacht auf der Flache;
Ueber die „Todtenlinie" fiel sein Haupt —
　　Die eisige Wache kannte ihre Stelle,
Und mit einem Krach die Kugel flog
　　Durch's Gehirn, erlöst war er von dieser Hölle!
Aber als man das entfärbte Antlitz hob
　　Empor zum Lichte, lächelnd der bleiche Mund,
Das Bildniß, schön und mild, küßte,
　　Das hielt in jeder Hand ein Kind.

Einen Rückblick.

Man fragt mich „was ist aus den genannten Männern, welche Befehlshaber über diese Gefängnisse waren, geworden.

General John H. Winder, starb eines plötzlichen Todes zu Florence, S. C., am 1. Januar 1865. Es blieb ihm keine Zeit übrig seine Thaten zu bereuen.

Major Thomas P. Turner, Befehlshaber über das bekannte Libby-Gefängniß zu Richmond, Va., wohnt in Memphis, Tenn. Sein Adjutant (Little dandy Roß,) verbrannte ein paar Jahre nach dem Kriege in einem Hotel zu Richmond, Va.

Der rothköpfige Barbar, Lieutenant Barrett aus Florence, S. C., lebt in Augusta, Ga. Nachdem der Krieg zu Ende war floh er nach Europa, ist seitdem aber wieder zurückgekehrt, von seinen eigenen Landsleuten als ein Grobian, Feigling und Mörder verhaßt, dem es bang ist zu leben oder zu sterben.

Capitän Henry Wirz starb am Galgen am 10. November 1865, in dem Gefängnißhofe des alten Capitols zu Washington, D. C. Wirz wurde in der Schweiz geboren, vor dem Kriege war er Arzt und eignete Sklaven in Louisiana. Er trat der Rebellions-Armee bei, wurde in der Schlacht bei Seven Pines, in der Nähe von Richmond schwer verwundet, worauf er die Aufsicht des Tuskaloosa-Gefängniß zu Alabama erhielt und wo seine Grausamkeit, den Unionsgefangenen gegenüber, bei der Aufmerksamkeit von Jefferson Davis und seiner Unter-Beamten Aufsehen erregte. Als im Frühjahr 1864 das große Gefängniß zu Andersonville zur Aufnahme von Gefangenen fertiggestellt war, wurde Wirz von J. H. Winder befohlen die Aufsicht des Inneren desselben zu übernehmen. (Oberst Gibbs war Befehlshaber der Garnison.) Am 7ten Mai 1865 wurde Capitän Wirz durch Capitän Noyes, von General Wilson's Cavallerie, zu Andersonville arretirt, er protestirte dagegen indem er die Straffreiheit, unter den Bedingungen von Johnson's Ergebung beanspruchte und daß er nicht für die fürchterlichen Leiden und Sterblichkeit unter den Gefangenen verantwortlich gehalten werden sollte, da er, wie er behauptete, nur ein Vermittler und Werkzeug in den Händen seiner Vorgesetzten war, er bat um Beschützung vor der Rachsucht der Gefangenen über die er Aufsicht gehabt hatte, und wurde auf seinen Wunsch hin verkleidet nach Washington gebracht.

Das Kriegsgericht welches die Verhandlung gegen den Angeklagten zu entscheiden hatte bestand aus den Generälen Lew Wallace, Mott, Greay, Fessenden, Bragg und L. Thomas, sowie den Obersten Ballier, Allcock und Stibbs.

Die Commission versammelte sich am 23. August 1865 und die Aufnahme von Zeugnissen dauerte bis zum 1. Oktober. Die Vertheidigung wurde von Lewis Schade, ein prominenter Advokat in Washington mit drei Assistenten geleitet. Ueber zweitausend Seiten Zeugnisse von Rebellen-Aerzte, Offiziere und Bürger, welche in der Nähe von Andersonville wohnten, wurden aufgenommen. Diejenigen welche mit Sträubung abgegeben wurden, waren am meisten nachtheilig für den Angeklagten.

Von allen den brutalen Beamten welche über die Gefangenen gesetzt waren, wurde nur Wirz bestraft. Wahrlich, die Gerechtigkeit ist blind. Der Untergeordnete wurde bestraft, während der Haupträdelsführer in seinem Heim in Missisippi, die verlorene Sache betrauert.

Bedenke lieber Leser, daß das Andersonville Gefängniß nur als ein Muster der übrigen Gefängnisse beschrieben wird, aus jedem einzelnen derselben wiederhallt der Jammer des Todeskampfes aus den unheimlichen Gruben, wo Hungersnoth, Elend und Tod, zur Mittagszeit hausten und welche die Skeletten-Gräber mit namenlose Todte füllte.

Und dennoch, laß mich diesen Eindruck in deinem Gedächtniß einprägen, denn ich wünsche nicht daß du glauben sollst daß die Masse des südlichen Volkes grausam und barbarisch waren. Die gemeinen Soldaten waren meistens weise Arbeitsleute, welche keine oder andere die nur wenige Sklaven eigneten. Diese Klasse von Conföderations-Soldaten wurden meistens auf dem Schlachtfelde gehalten um zu kämpfen und Gefangene zu ergreifen, und, mit wenigen Ausnahmen behandelten dieselben ihre Gefangenen so gut als die Umständen es erlaubten. Die Gefangenen wurden aber bald nach dem Innern nach einer Umzäunung oder Gebäude gebracht, welches unter Aufsicht eines der gewählten Scheusale und seinen Assistenten und Wachen, welche die in dem Rebellen-Capitol geplanten Anordnungen ausführten. Unter den Gefängniß-Wachen befanden sich gutherzige Männer welche nicht der Grausamkeit anderer beschuldigt werden sollen, aber, gewöhnlich, wenn eine Wache nicht geneigt war Grausamkeit gegen die „Yankees" zu zeigen, so wurde dieselbe durch eine Andere ersetzt. Die Rebellen-Offiziere waren meistens wohlhabende, geschulte Sklaven-Eigenthümer, viele von diesen erhielten von der Vereinigten Staaten Regierung ihre Ausbildung. Der Sohn des reichen Sklaven-Eigenthümers besuchte Privat-Schulen und Colleges bis er soweit vorgeschritten war die Prüfung zu bestehen um dann als Kadet in West Point eintreten zu können. Durch den Einfluß der südlichen Congreßleute konnte dies leicht geschehen, welche die Zukunft heranrücken sahen wo sie militärgeschulte Männer gebrauchten die als Anführer dienen sollten um die Regierung zu zerstören die sie nicht länger controlliren konnten. Das Resultat ihrer Vorsehung beweist das aus den zweiundzwanzig Lieutenant-Generäle der Rebellen-Armee achtzehn davon aus West Point Grabuirte waren, jeder einzelne dieser hat sich des Meineides schuldig gemacht indem er den Graduaten-Schwur gebrochen, da er sich der verrätherischen Verschwörung angeschlossen hat. Es gab unter den Südländern viele Unionsleute die viel dazu beitrugen, diejenigen, welche das Glück hatten entfliehen zu können, behilflich zu sein; wir aber verließen uns darauf Hilfe von den Sklaven zu bekommen da die weißen Unionsleute genug zu thun hatten sich selbst zu schützen. Selten wurde ein entflohener „Yankee" von einem Neger verrathen, obwohl mancher wohlwollende Sklave von falschen „Yankees" die als entflohene Unionsgefangene verkleidet, und welche magere, knochige Rebellen waren, betrogen und hintergangen wurde. Mancher Neger trägt heute noch die Merkmale der Mißhandlung welche er von solchen falschen „Yankees" erhielt. Dies veranlaßte den Sklaven sehr vorsichtig zu sein, und war dies wahrscheinlich der Grund warum einzelne Gefangene von denselben verrathen wurde. Die Sklaven trugen unter ihrer dunklen Haut treue Herzen für die Unions-Sache, und zeigten unglaubliche Geschicklichkeit und Verständigkeit in dem Verstecken von entflohenen Gefangenen, oder, indem sie solche abwechselnd, nach der Unions-Armee führten. Von dem alten Großmütterchen bis zum kleinen Negerkinde alle würden ernsthaft antworten. „Wir wissen nichts von einem „Yankee" der entflohen ist," und dabei Furcht vor einem „Yankee"-Soldaten zeigend, während unter dem rauhen Fußboden ihrer Hütte ein zitternder Flüchtling lag und zuhörte wie die Sklaventreiber allerlei Drohungen und Ueberredungen gebrauchten, um von dem armen Sklaven einen Verrath zu bekommen, aber sie konnten keinen Judas dort finden.

Ein Mulatte, während er dem Schreiber dieses behilflich war zu entfliehen, sagte: „Mein Herr und Eigenthümer ist mein Vater, sein Sohn ist mein Halbbruder. Der Sohn und ich sind beinahe im selben Alter, und im Aussehen und Körperbau sind wir uns sehr ähnlich, ausgenommen daß ich etwas dunkler bin, unsere Umstände sind jedoch verschieden. Ich bin ein Sklave, und habe nichts was ich mein eigen nennen kann ausgenommen meine Seele. Ich besitze keine Rechte die mein Herr gezwungen ist zu achten. Ich kann nicht einmal die Keuschheit meines eigenen Weibes vertheidigen. Mein Kind wurde von der Brust seiner Mutter gerissen und an den Sklavenhändler verkauft, und daß hieraus erziehlte Geld dazu verwendet um m e i n e n Vater als Oberst und m e i n e n Bruder als Capitän auszustaffiren, um gegen die menschliche Freiheit zu kämpfen.

Sie höhnten mich mit der Prahlerei daß die Vereinigten

Staaten vernichtet werden und eine neue Regierung gestaltet, und daß sie dann Reichthum gewinnen werden indem sie die nun freien Staaten mit Sklaven aus Afrika füllen, und dann soll ich zu einem großem Aufseher gemacht werden im Falle ich mich zuverlässig während diesem Kampfe beweise. Gott behüte daß dieses je zu Stande kommt. Meines Bruders Hand ist gegen mich, aber ich glaube sicherlich der Herr ist mit der Unionssache, und daß dieser Krieg den Tod der Sklaverei herbeiführt. Mein junger Meister unwissentlich, lernte mich lesen und nun nehme ich jede Gelegenheit gewahr um mich und meinen minder glücklichen Mitbrüder zu informiren. Wir wissen bedeutend mehr als es die Weißen gefällt uns gutzuschreiben. Sie werden finden daß die Neger treue Freunde der Unions-Soldaten sind, und daß sie dieselben behiflich sein werden unter den freundlichen Schutz ihrer eigenen Fahne zu gelangen.

Nun, lieber Leser, habe ich dich durch diese Scenen geführt, aber du hast nicht Alles gesehen, es steht über die Macht der Feder, des Pinsels oder der menschlichen Zunge diese Scenen wiederzugeben, welche mich bis an das Grab heimsuchen. Die Wirklichkeit verlangt ein besseres Licht und eine nähere Einsicht als wie dein umwölktes, fernes Starren je haben wird. Glaube mir, ich habe dir die Wahrheit erzählt, und die Kleinigkeit welche du durch den Kauf dieses Buches beigetragen hast, dient als Beweis freundlicher Betrachtung Derjenigen welche gelitten haben was du niemals leiden kannst, und, was ich Gott bitte, deine Kinder nie leiden mögen.

So wie du deinen eigenen Kummer bedauert, deine eigene Rufe um Barmherzigkeit erhört haben mögest, so bitte ich dich die

Berichte welche von den Ueberlebenden der Gefängniſſe geſchrieben wurden zu leſen, während dieſelben ſchauderhaft erſcheinen, und du im Geiſte leideſt, wirſt du tauſendfache Vergeltung erhalten indem du dein jetziges Glück zu ſchätzen weiſt, und das Bewußtſein empfindeſt daß du die Bemühungen eines armen Ueberlebenden anregieſt die Jugend unſerer Republic zu belehren einen ungetheilten Patriotismus für nur ein Land und eine Flagge zu zeigen.

Bedenke daß:
    Von Grenze zu Grenze in dieſem Lande,
    Kein menſchliches Weſen trägt Sklaven Bande.

Nachträgliche Beweise.

Das Manuskript des Vorstehenden war in den Händen des Druckers und theilweise gesetzt, als dem Schreiber dieses ein abgenutztes Pamphlet in die Hände fiel. Es enthielt eine Sammlung von Aussagen vor einem Kommissär, dessen Pflicht es gewesen zu sein scheint, sich nach der Behandlungsweise, welche den Gefangenen zu Theil wurde, zu erkundigen. Es wurde im November 1864 veröffentlicht, also ehe der Krieg sein Ende erreichte und noch Gefangene in Andersonville schmachteten. Ein Auszug aus den Aussagen des einen Zeugen, welcher durch irgend eine Vergünstigung im August 1864 ausgewechselt wurde, nachdem er seine zwei Monate in Gefangenschaft gewesen war, soll hier einen Platz finden. Nachdem er nebst drei Anderen mit ihm zu gleicher Zeit Ausgewechselten unsere Linien erreicht hatte, erschien er vor Präsident Lincoln und dem Kommissär und machte die Aussage, welcher nachstehender Auszug entnommen ist:

Nachstehende Aussage wurde vor der Commission gemacht und von den Unterzeichnern derselben beschworen. Sie wurden am 16. August ausgewechselt und nebst drei Anderen von ihren

Mitgefangenen zu einer Deputation ernannt um ihre unglückliche Lage zur Kenntniß des Präsidenten Lincoln zu bringen.

Aussage des Soldaten Tracy:

Ich bin Soldat im 82. New Yorker Freiwilligen-Regiment, Compagnie G. Wurde mit circa acht Hundert anderen Bundestruppen vor Petersburg am 22. Juni 1864 gefangen genommen. In Petersburg wurden wir zwei Tage, in Richmond, Belle Isle, drei Tage gehalten, dann per Eisenbahn nach Lynchburg gebracht. Die Strecke von Lynchburg nach Danville, fünfundsiebenzig Meilen, mußten wir marschiren, von da ging es per Eisenbahn nach Andersonville, Ga.

Unsere Decken, Brodbeutel, Cantinen, Geld, Werthsachen jeder Art, Kleider, in einigen Fällen sogar die Unterkleider, waren uns zuvor genommen worden.

Beim Eintritt in das Palisaden-Gefängniß zu Andersonville fanden wir dasselbe gedrängt voll von unseren Kriegs-Kameraden, 28,000 an der Zahl. Unter gedrängt voll meine ich, daß es kaum möglich war sich in irgend einer Richtung zu bewegen, ohne gestoßen zu werden, oder an Andere zu stoßen. Dieses Gefängniß ist ein offener Platz, nach beiden Seiten abfallend, zuerst siebenzehn Acker, jetzt aber fünfundzwanzig Acker groß, in der Form eines länglichen Vierecks, ohne Bäume oder Obdach irgend welcher Art. Der Boden ist Sand mit lehmigem Untergrund, die Palisadenwand besteht aus aufrechtstehenden Baumstämmen, circa zwanzig Fuß hoch, an deren oberen Rand sich kleine Platformen befinden, auf welchen die Wachen stationirt sind. Zwanzig Fuß von der Wand und parallel mit derselben laufend befindet sich ein leichtes Lattenstaket, die „Grenz-Linie" bezeichnend, über welche hinaus das Vorstrecken eines Fußes oder eines Fingers den sicheren Tod zur Folge hatte.

Durch den Platz, beinahe rechtwinkelich mit den Längsseiten, läuft oder kriecht ein Bach fünf bis sechs Fuß breit, in welchem das Wasser etwa knöcheltief steht, welcher sich in der Mitte zu einem circa sechs Acker großen Sumpf ausbreitet. Ehe der Bach in die Einzäunung kommt, läuft derselbe durch das Lager der Wachen, dort allen Abfall aufnehmend, wie auch den Inhalt der Abtritte. Das Wasser ist so dunkel gefärbt, daß sich in einem gewöhnlichen Glase ein Niederschlag oder Satz von nicht unbeträchtlicher Höhe sammelt, und bildete unser einziges Trink- und Kochwasser. Gewöhnlich filtrirten wir es durch ein Stück Zeug von einem alten Hemde, oder sonstigen Kleidungsstück. Wir gruben Brunnen, aber das Wasser derselben verursachte Diarrhöe. Das Kochhaus befand sich an dem Bache, gerade außerhalb der Einzäunung; sämmtliche Abfälle desselben wurden in das Wasser geworfen. Hierzu kam noch der Abfall des Gefängnisses selbst. Eine Seite des Sumpfes wurde von den Insassen als Abtritt benutzt. Unter den Strahlen der Sommersonne entwickelte sich hier ein unbeschreiblicher Gestank, ebenfalls Maden in solcher Menge, daß sich die Oberfläche des Wassers bewegte, als wenn ein sanfter Luftzug darüber hinfuhr.

Neuankommende fragten bei diesem Anblick „Ist dieses die Hölle?" aber bald wurden auch sie unempfindlich gegen die umgebende Fäulniß. Die Rebellen-Autoritäten machten niemals einen Versuch eine Besserung durch Entfernung des Unraths herbeizuführen. Nur selten wurde das Gefängniß von den befehlshabenden Offizieren inspizirt. Zwei Aerzte, von Präsident Davis mit der Inspection des Gefängnisses beauftragt, erschienen eines Tages, aber ein Gang durch einen kleinen Theil desselben gab ihnen so viel Information wie sie wünschten, und wir sahen sie niemals wieder.

Unser ganzer Schutz gegen die Strahlen der Sonne, gegen Regen und Nachtthaue bestand darin, daß wir unsere Röcke und Deckenreste über uns spannten, welche einige hatten, aber im Allgemeinen wurde kein derartiger Versuch gemacht, weder bei Tag noch bei Nacht, weil es an Material mangelte.

Die Kleidung der Leute war äußerst schlecht. Sehr wenige hatten Schuhe, keine zwei Tausend besaßen Röcke und Hosen, und diese gehörten zu den später Angekommenen. Ueber die Hälfte war unanständig entblößt und viele gingen nackt einher.

Die gewöhnliche Strafmaßregel bestand darin, daß man die Delinquenten in die Stöcke spannte, welche sich außerhalb des Gefängnisses, in der Nähe des Quartiers des Capitäns befanden. Fehlte ein Mann beim Namensruf, so erhielt die Abtheilung zu welcher er gehörte keine Rationen. Die „Grenzlinie" forderte viele Opfer. Ein armer Bursche, gerade von Sherman's Armee, —sein Name war Roberts—wusch sich sein Gesicht, schlüpfte auf dem lehmigen Boden aus und fiel mit seinem Kopfe über die Linie hinaus. Wir riefen ihm zu, aber es war zu spät.

Der geistige Zustand eines großen Theils der Insassen war im höchsten Grade traurig. Zuerst ergriff sie Verzweiflung, welche nach und nach in eine Art stummer und idiotischer Gleichgültigkeit ausartete. Viele versuchten es, so befallene Kameraden aufzuheitern und neuen Muth einzusprechen, aber mit wenig Erfolg. Hunderte lagen hier und da bewegungslos herum, andere gingen stieren Blickes herum. Diese Fälle kamen häufig bei solchen vor, die erst kurze Zeit eingesperrt waren.

Briefe aus der Heimath erreichten uns selten, und nur Wenige waren im Besitz von Schreibmaterialien. Anfangs des Sommers kam ein großer Haufen Briefe an, fünf Tausend wie uns gesagt wurde. Dieselben hatten sich seit Monaten irgendwo angesammelt und wurden von einem Offizier hereingebracht, welcher den Auftrag hatte für jeden Brief zehn Cents zu erheben, aus welchem Grunde die meisten derselben niemals den Abdressirten erreichten. Einer meiner Kameraden fand drei Briefe von seinen Eltern darunter, hatte aber kein Geld um dieselben einzulösen.

Einige Wochen vor meiner Auswechslung wurde ich als Schreiber in das Hospital beordert. Dieses besteht aus einigen zerstreut stehenden Bäumen und Zeltbächern, und steht unter der Aufsicht von Dr. White, welcher ein humaner und guter Mann ist, und der Alles thut was er kann mit den geringen ihm zu Gebote stehenden Mitteln.

Die durchschnittliche Todeszahl belief sich zuerst auf dreißig den Tag; als ich das Gefängniß verließ auf ein Hundert und dreißig, an einem Tage sogar auf ein Hundert und sechsundvierzig.

Die Zahl der Todesfälle in Folge Verhungerns, also nicht die in Folge von Krankheiten, als Diarrhöe, Ruhr und Skorbut, einschließend, welch' Letzere ihren Grund in unzureichender Nahrung hatten, bin ich nicht im Stande anzugeben, glaube aber nach bestem Wissen und Gewissen behaupten zu können, daß es Dutzende in jedem Monat waren. Wir konnten zu jeder Zeit

Viele bezeichnen, denen ein derartiges Geschick bevorstand. Diese waren wirkliche Skelette; sie waren bedeutend magerer und abgezehrter als die Bilder in Frank Leslie's Illustrirter Zeitung vom 18. Juni 1864 schließen lassen. Zum Beispiel: In einigen Fällen waren die inneren Kanten der beiden Armknochen, zwischen Ellbogen und Handgelenk, mit dem umliegenden Blutgefäßen deutlich sichtbar, wenn gegen das Licht gehalten. Die Rationen, in Quantität, waren kaum hinreichend das Leben zu erhalten und die Verhungerungsfälle kamen in der Regel bei denen vor, deren geschwächter Magen nicht die eingenommene Speise halten oder verdauen konnte.

Beim Aufwachen den Kameraden an der Seite todt vorzufinden, war ein so gewöhliches Ereigniß, daß demselben keine Beachtung geschenkt wurde. Ich habe den Tod in jeder Form auf Schlachtfelde und in den Lazarethen gesehen, aber die täglichen Scenen in Camp Sumter übertrafen Alles bis dahin Gesehene in der Größe des Elends.

Das Beerdigen der Todten wurde von unseren eigenen Leuten besorgt, unter dem Befehl und der Aufsicht der Wächter. Fünfundzwanzig Leichname wurden in jede Grube gelegt und diese traurige Pflicht mit unziemlicher Eile vollzogen. Zuweilen wurden die Todtengräber mit etlichen Stücken Brennholz belohnt, weshalb Jeder sich zu diesem Amte drängte.

Dr. White konnte seinen Patienten eine nur wenig bessere Kost geben, als den Gefangenen zu Theil wurde; ein wenig Mehlbrei, Arrowroot, Whiskey und wilde Tomaten, machten deren Menu aus. An Medizinen sah ich nur Kampher, Whiskey und die Abkochung einer Art Rinde—Weißeichen wie ich glaube. Oft

habe ich ihn Bedauern über Mangel an Medikamente ausdrücken
hören. Nachstehendes Ereigniß zeigt, wie wenig Machtvollkom-
menheit ihm zugetheilt war. Ein Gefangener, von dem man an-
nahm, daß er ein gemeiner Soldat war, befand sich im Hospital,
an einer Wunde an dem Knie leidend. Durch irgend einen Zufall
kam es an den Tag, das er der Major eines farbigen Regiments
war. Der Assistenzarzt, unter dessen direkter Pflege er sich befand, ließ ihn nicht nur entfernen sondern stieß ihn thatsächlich
mit den Füßen zum Hospital hinaus, worauf er in das Gefängniß untergebracht wurde. Dr. White konnte ihn nicht wieder zu-
rückbringen lassen, jedenfalls geschah es nicht.

Nachdem ich meine Pflichten im Hospital übernommen hatte,
wurden mir ab und zu doppelte Rationen zu Theil, ebenfalls
wilde Tomaten. Einigen unserer Leute war es gelungen Papier-
geld trotz der sorgfältigsten Untersuchung ihrer Kleider durchzu-
schmuggeln und hiermit nützliche Gegenstände gegen ungeheure
Preise zu erhandeln: — eine Tasse voll Mehl für einen Dollar;
Eier drei bis sechs Dollars das Dutzend, Salz vier Dollars das
Pfund; Syrup dreißig Dollars die Gallone; Negerbohnen, klein
und schlecht (als Futter für Schweine und Sklaven verwandt,
von uns aber hochgeschätzt) fünfzig Cents per Pint. Diese
Zahlen, mit zehn multiplizirt, gaben annähernd den Preis der
genannten Gegenstände in conföderirtem Gelde. Obgleich das
Land mit Tannen und Eichen dicht bewachsen war, so mußten wir
dennoch hohe Preise für Brennholz bezahlen.

Unsere Leute, besonders die darunter befindlichen Handwerker, wurden mit Freiheitsanerbietungen und dem Versprechen
hoher Löhne häufig aufgefordert den Eid der Treue der Conſö-

beration zu leisten, aber nur selten gab ihr Patriotismus, selbst unter einer so harten und feurigen Probe nach. Ich trage diese Botschaft von einem meiner Kameraden zu seiner Mutter: „Mutter! die mir hier zu Theil werdende Behandlung tödtet mich, aber ich sterbe dennoch mit Freuden für mein Vaterland."

Entweichungsversuche wurden gemacht, aber immer ohne Erfolg. Erreichten die Entsprungenen selbst den schützenden Wald, so wurden sie doch bald von den Bluthunden aufgespürt, entweder von diesen zerrissen oder wiedergegriffen und zurück gebracht.

Ein Tunnel wurde gegraben, aber am Nachmittage, welcher der Nacht hervorging, für welche der Fluchtversuch festgesetzt war, erschien ein Offizier und theilte uns mit, daß das Komplot entdeckt sei und vom Gefängnisse aus konnten wir auf den umliegenden Hügeln die Regimenter sehen, welche zur Verstärkung der Wachen herangezogen waren. Wir waren verrathen worden. Spione befanden sich im Gefängniß, wie wir glaubten.

Nahezu fünfunddreißig Tausend Gefangene befanden sich in Andersonville zu der Zeit als ich es verließ, und täglich kamen noch mehr dazu. Im Hospital befanden sich circa fünf Tausend. In Port Royal Ferry wurde ich am 16. August 1864 ausgewechselt.

Prescott Tracy,
82. Regiment, N. Y. Vol.

Stadt und Grafschaft } ss
von New York.

H. C. Higginson und S. Noirot, nachdem gehörig vereidigt, sagten aus: Daß das vorgehende Zeugniß von

Prescott Tracy, ihres Mitgefangenen, mit ihrer Erfahrung übereinstimmt, und daß dasselbe der Wahrheit gemäß ist.

       H. C. Higginson,
        Co. K., 19. Illinois Vol.
       Sylvester Noirot,
        Co. B., 5. New Jersey Vol.

Die Erinnerung verfolgt uns noch.

Sie fordern uns den Krieg zu vergessen!
Und die Scenen zu verdecken!
Zu verwischen von der Gedächtniß Seite
All die vergang'nen Sections-Streite!
Kann der welcher heute kennt und hört
Zu dieser Zeit sagen, „hinweg, hinweg!"?
Welcher konnte die Scenen beschauen
Mit all' ihren gräßlichen Grauen
Vergessen, die Leiden die sein Körper fühlt
Wie das Alter schneller um ihm stiehlt?
Vergessen, die Leiden unerzählt
Vergessen, die Kameraden welche kalt und entblöst
Beim Morgenrufe wurden getragen fort
Und begraben, nicht wie im Nord,
 Sondern fortgeschleppt, unter Groll und Haß
Unter Hohn und Spott und groben Schmach.

www.ingramcontent.com/pod-product-compliance
Lightning Source LLC
Chambersburg PA
CBHW020115170426
43199CB00009B/535